安政コロリ流行記

幕末江戸の感染症と流言

篠原　進　巻頭言
門脇　大　翻刻・現代語訳
今井秀和・佐々木聡　解説
周防一平・広坂朋信　注

白澤社

#〔巻頭言〕江戸のネコ歩き——安政の魯文

篠原　進

十年一昔《ひと》というが、悲惨な記憶も冷めぬ間にわたしたちはもう一つの試練と向き合うこととなった。二〇一一年三月一一日の東日本大震災と原発事故、そして発生から一年半を経た今（二〇二一年三月）も猖獗《しょうけつ》を極める新型コロナウイルス。

ソーシャルディスタンシング。互いに距離をとり、「人間を分断させる恐ろしい副作用」（辻仁成）を持つそれにおののきながら、感染症関連本に出口を探る日々（本書に先行するロバート キャンベル編著『日本古典と感染症』（角川ソフィア文庫）も今年三月に刊行された）。その中の一書で、アルベール・カミュは言う、「ペストにもいい効能がある。人の眼を開かせ、考えざるをえなくさせる」（『ペスト』）と。歴史のアナロジー。人は過去に相似形を求め、未知の不安を少しでも和らげようとする。地震、感染症、そして問題が山積するオリンピック。それらがあぶり出す、政治システムの決定的な脆弱さ。現今の惨状は約一六〇年前の幕末・維新期に先取りされていた。

「泰平の眠りを覚ます上喜撰（蒸気船）たった四はいで夜も寝られず」。ペリーの開国要求（嘉永六年（一八五三））に割れる、国論。国を開き反対派を粛清した（安政の大獄・安政五年（一八五八））井伊直弼が凶刃に倒れる（桜田門外の変・同七年）、激動の時代。地震（同二年）とコレラ（同五年）がそれに拍車をかける。一見無関係な両者を結び付け（天譴《てんけん》）、そこに体制崩壊の前兆をみる警世家。実際、七年後には徳川長期政権も終焉を迎えることとなる。安政という転形期。震災と感染症、江戸の市民はそれとどう向き合い、克服したのか。今ここにある、漠然とした不安。そこから抜け出すヒントを探ろう。

安政二年一〇月二日夜、江戸市中を襲った直下型地震。推定マグニチュード六・九。被害は深川、本所、下谷、浅草など下町に集中し、郊外の亀有では田畑に山や沼が生じたという。一四，三四六戸が崩壊し、約一四町（一・五キロ）が焼失。七千から一万人の死者を出した大惨事（『国史大辞典』）。但し遠藤元男『近世生活史年表』（雄山閣出版）は「圧死者一〇万」としている。

巷《ちまた》にあふれる、無許可《アングラ》の出版物。その一つに鯰絵《なまずえ》（小泉雅弘「幕末風刺画とその受容層」『駒沢史学』五三号の註二参照）がある。（地震を起こす）鯰をデフォルメした絵に戯文を配す一枚刷。逆境下でも笑いを忘れない江戸市民のメンタリティ。これを手掛けた無名作者のなかには、後に名を成す者もいた。野崎兼吉こと仮名垣魯文、当時二六歳。京橋鎗屋町（銀座）生まれの彼は、前年に娶《めと》った妻と湯島に住んでいた（興津要『仮名垣魯文』有隣新書）。後に「歌舞妓作者《きやうげんさくしや》花笠《はながさ》魯《ろ》助《すけ》が遺弟子《いでし》」（『安愚楽鍋』第三輯告条）を公言する駆け出しの戯作者。稿料の安さと速筆を見込まれ、「便利屋」の彼に注文が殺到する。それは鯰絵にとどまらなかった。『安政見聞誌』と題す、震災のルポルタージュ。自己の体験をふまえ、こう記している。

今年安政二年十月二日夜亥時（午後一〇時頃）、大地震ありて、大江戸近国四方廿里ばかりは、皆此災《このわざはひ》にかかれり。その中にもとりわき大江戸市中を以て太酷《はなはだ》といはんか。抑《そもそも》其地動《そのぢしん（ママ）》の発するや地底に大炮《いしびや》の音の如き響《ひびき》ありて、忽《たちまち》地上激浪《あらなみ》のうつ如く震動《ふるひうご》き、地裂《さけ》天墜《おつ》るかと驚かれ、見る見る百万の人家、倉庫《くら》神社仏寺、傾覆《けいふく》し、是が為に打殺されしもの、幾ばくといふ数をしらず。或は梁におされ或はくだけし柱にはさまれ、又瓦屋根、二階の下に敷かれ、土蔵の壁土に埋《うづ》もれなどしたる、男女老少、泣さけび助けてくれよ、越《おこ》してたまはれと、よばはる声、もの凄きに、火また四方より災々《えんえん》と燃出《もえいで》、燄《ほのほ》天をこがすといへども、人々畏れあはてたるをりがらなれば、心神混乱し、酔るが如く。

猫好きとして知られた魯文〔山本和明「魯文『百猫画譜』成立事情に関する小考」『相愛大学研究論集』二七〕は一夜明けた江戸の街をネコのように歩き惨状を眼に焼き付ける一方、被災者から証言《ウラ》をとった記事（取材は英寿）を三日で仕上げる。「夜明けて後、遠近《をちこち》のありさまを聞に、其噂とりどりにて虚実とりまじへて、證《しやう》としがたき事のみおほかれば、予《おのれ》四方の知己を訪《とぶ》らふついで、その處々《しよしよ》のさまを見るに随ひ是を図し、聞にしたがひ是を記し」たと。半紙本三巻三冊、全六二丁〔「連続挿絵」（大久保純二」など約二八葉）。四六地点の被害状況や下賜された見舞金の額を詳述し、地震計まで載せる異色作。九〇〇部の初版は完売、二〇〇〇部を増刷したという（『藤岡屋日記』）。

震災を契機に一皮むけた、魯文。三年後の安政五年九月、長男熊太郎を授かった彼をコレラ禍が直撃する。痘瘡（天然痘）や麻疹《はしか》にはなれっこでも、これは未知の病。江戸市中を恐怖に陥れる、圧倒的な感染力。同月刊の『安政箇労痢流行記』（本書）に魯文は一連の経緯を記している。ペリー艦隊のミシシッピー号が日本に持ち込み、長崎の出島から広まったコレラが江戸に流入したのは七月上旬。八月には感染爆発《パンデミック》。死者は三万人以上に及び火葬場は順番待ちの列であふれ死臭が満ちていたが、九月には鎮静化したと。

災厄を扱う点は同じでも、今回は勝手がちがう。折れ曲がった浅草寺五重塔の五輪の絵のみでも可視化できた、震災報道。ただ、感染症は図《え》になりにくい。色刷りで「荼毘室混雑《やきば》の図」を掲げるのが精一杯で、あとは聞き役に徹するネコ。誰から誰へ、どう感染し、どんな症状の患者をどう隔離、治療し、どう収束させたのか、一切触れない。彼の関心は医学的側面よりはむしろ、それが誘発する市井のドラマにあった。芝居絵のような挿絵。そこに付された、五つの物語。蘇生する商家の倅《せがれ》。貧しい夫を案じ、火葬料を返却させた妻の幽霊。奇病騒ぎに乗じる化け狸。鼠の幻影に襲われ、悶死したコレラ治療の名医。そして厄神をもてなし疫病徐《よけ》の札を授かる屋敷守と、霊験あらたかな白澤図。

他の逸話も含め、「證《しやう》としがたき」巷《ちまた》のうわさも取り込む魯文。『安政見聞誌』が新聞記事なら、これはさしずめ挿絵入りの新聞小説。分量（半紙本一冊・全二四丁・挿絵一〇葉）も約三分の一で、「仮名垣魯文年譜」（『明治の文学1　仮名垣魯文』筑摩書房）にも載らないほどの小品。だが、感染症という未知の怪物への不安と怖れが人の心をかき乱し、いかに錯乱させるのかといった今日《こんにち》的な課題がそこに伏在していたことを忘れてはならない。パニックとなり「畏れあはてたるをり」に「心神混乱し、酔るが如く」変容する、不安定な存在としての人間。そうした認識は「人は化物（可変的存在）」と断じた西鶴とも通底し、誇張や嘘もいとわない執筆姿勢は「妄語《うそ》と正説《まこと》を換骨奪体《とりまぜて（ママ）》」（『西洋道中膝栗毛』初編序・明治三年（一八七〇）」編む戯作の系譜に連なり、「虚《うそ》と実《まこと》の西洋風味に索混《あへまぜ》」（初編自序）た『安愚楽鍋』（同四～五年）を準備するのだ。ただ、彼にはその形象化にかける時間が決定的に不足していた。ちなみに、権威ある全米図書賞（翻訳部門）を受賞した多和田葉子『献灯使』（講談社）、柳美里『JR上野公園口』（河出書房新社）も東日本大震災から三年という文学への発酵時間を要したのである。

　魯文の墓は東京谷中の永久寺にある。地下鉄千駄木駅から約一〇分。古民家を改造した猫カフェを横目に三崎《さんさき》坂を上りきると、山門にたどり着く。本堂の右にある猫塚。その碑文を撰した成島柳北《なるしまりゅうほく》（一八三七－八四）は「猫々道人《みょうみょうどうじん》（魯文の異名）」の名付け親で、『猫々奇聞《みょうみょうきぶん》』に序を寄せていた。「寸鉄人を殺す底のもの」（山口剛「仮名垣魯文と成島柳北」『山口剛著作集』六・中央公論社）を秘め政治批判も辞さない柳北と、「「文明開化」そのものの浅薄さを揶揄し、嘲笑する風刺文学の域には達しえなかった」（前田愛『幕末・維新期の文学』法政大学出版局）魯文。経歴、教養、文体などすべてに対照的な二人のジャーナリスト。柳北が幕末・維新期のトラなら、魯文はさしずめ借りてきたネコ。ただ、難しい時代を生き抜くために求められるのはネコのしなやかさと、ポジティブな適応力なのだ。

「遺言本来空　財産無一物　俗名假名垣魯文」。墓碑の側面に刻まれた、自選の偈《げ》。震災体験を共有する妻は既に亡く、コレラ下に誕生した熊太郎も小笠原で急逝する。「さかさまを見るも浮世か水の月」。愛息への追悼句は西鶴の辞世（「浮世の月見過《すご》しにけり末二年」）を思わせ、彼の辞世「快よく寝たら其《そ》の儘《まま》おきごたついけし炭団《たどん》の灰となるまで」は一九のそれ（「この世をばどりやお暇《いとま》にせん香の煙とともに灰左《はひさ》様《やう》なら」）を彷彿とさせる。江戸は最期も、笑いなのである。

向島の長命寺には柳北のレリーフがあり（墓は雑司ヶ谷霊園）、一九の辞世を刻んだ石碑も遺《のこ》る。名物の桜餅を堪能した午後には、楽しいネコ歩きの時間が待っている。

安政コロリ流行記——幕末江戸の感染症と流言◎目次

安政コロリ流行記――幕末江戸の感染症と流言◎目次

二　『安政箇労痢《あんせいころり》流行記』現代語訳――――（訳・門脇大、注・周防一平、広坂朋信）・73

三

カバー・本扉画＝「茶毘室混雑の図」・表紙画＝「白沢の図」（仮名垣魯文『安政箇労痢流行記』（国文学研究資料館・所蔵）より）

序　コロリ禍の中で

今井秀和

本書『安政コロリ流行記』は、仮名垣魯文《かながきろぶん》『安政箇労痢《あんせいころり》流行記』の翻刻と現代語訳に、同書に記録されたコレラ流行下の幕末江戸における流言と怪異、護符についての解説論文をあわせて一冊にまとめたものである。

幕末明治期の戯作者である金屯道人こと仮名垣魯文（一八二九‐一八九四）の編になる版本『安政箇労痢流行記』（以下『流行記』と略すことも）は、海外からやってきたコレラが日本各地で大流行し、多くの罹患者そして死者を出した安政五年（一八五八）の九月に刊行された。[1] 本書では、国文学研究資料館蔵本を底本とした門脇大による翻刻（本書一）と現代語訳（本書二）を収録した。

『安愚楽鍋《あぐらなべ》』など明治期の著作で知られる魯文だが、安政二年の大地震の翌年には、その被害状況などをまとめて刊行した『安政見聞誌《けんもんし》』が評判を集めており、この頃すでに、明治期の新聞各紙で頭角を表すことになるジャーナリストとしての一面が顔を覗かせていたようだ。[2]

『流行記』には江戸を中心とした人的被害の状況や、オランダ海軍の軍医ポンペによる、当時としては最先端の知識だったコレラへの対処法、さらにはコレラに関して出されたお触書の写しなど、安政五年時のコレラ騒動に関する多様な情報が書き付けられているため、医学史をはじめとする多くの先行研究がこれを参照してきた。

しかしながら、いざ実際に同書を医学史的な資料として読み込もうとした読者は、この書になぜか幽霊や疫病神、そして憑き物やまじないなど、現代では「怪異」や「俗信」の領域に分類される当時の奇妙な世間話がたくさん載っていることに、戸惑いを覚えることになるだろう。

その戸惑いを踏まえた上で、逆に、現代を生きる我々自身に問うてみよう。我々は対処の不明瞭な流行り病の渦中にあるとき、真偽不明の噂や根拠のない防疫法にまったく心を動かさず、大量のマスクや紙類を買い占めるといった非合理な行動をとらず、また、遊び心を含みつつ進められる新たな「流行り神」の創出にも一切加担しないと言い切れるのか。

新型コロナウイルス予防になるという噂によって店頭から納豆が消えたこと。四角くて白くて薄いものを買い占めて、それにほとんど病除けの護符と変わらぬ期待を込めていたこと。マイナー妖怪に過ぎなかったアマビエが、ネット文化を経由して本来とは異なる属性を次々に背負わされ、一躍、一種の流行り神と化していったこと。

未来人から見れば我々とて、不安にとらわれて非合理な行動に走る哀れな迷い子に過ぎないのである。だとすれば、安政期に「コロリ」と呼ばれたコレラ騒動の渦中にあって、当時の人々がどのような話を媒介に疫病に対処していたのか確認しておくことは、我々自身の行動原理を見つめなおすことにつながるだろう。

時代が変わってもなかなか人間の行動原理が変わらない一方で、当然、時代に応じて変わっていく「常識」もある。たとえば、コレラによる被害状況を詳細に記録しつつ、同じ書物に世間の騒動を茶化すかのような狂歌（たとえば「ぜいたくを吐《はき》て財布のはらくだし　三日転《ころ》りと寝つゝけもよし」）が載っていることは、現代人の目にはいささか奇妙に映る。

ここでの「三日転り」は、コロリの別名である「三日コロリ」を踏まえたもので、要するに罹患すれば三日以内にコロリと死んでしまう、ということ。一般に通用していた病名それ自体に乾いたブラックユーモアが含まれていたわけだ。

そして『安政箇労痢流行記』の別題『転寝《ころびね》の遊目《ゆめ》』もまた、「転り（コロリ）寝の夢」の地口（駄洒落）なのであった。現代にあって現在進行形の感染症を扱った書籍にこんなタイトルを付けては「炎上」必至だろうが、当時はそうではなかった。

江戸期のシニカルな笑いには、ときに大事を軽んじる投げ遣りな態度が内包されるが、裏を返せばそこには、諦念を携えた自己相対化の視点が忍ばせてある。

どうやら、こうした当時の文化的背景に目を向けねば、江戸期の流行り病をめぐる騒乱と諦めの文化史は読み解けないようである。ただし、以上を踏まえさえすれば、『流行記』をめぐる「笑い」の要素については理解できそうな気もする。それでは、この書物に拭い難く染みついている「怪異」の文脈についてはどうであろうか。

端的に言って幕末には未だ、流行り病による病人の体調不良と、憑き物によるそれとの差異が明確になっていなかった。要するに、憑き物のリアリティがなお濃厚に残存していたのである。原因不明の体調不良の原因は、ときに狐などの動物系の憑き物による憑依の症状（いわゆる「狐憑き」）として解釈されていたのであり、流行り病と憑き物とは、容易には区別できない、非常に近接した領域に属する知識だったのである。ただし、記録者である魯文や当時の読者が、『流行記』に記録された世間話の内容をそのまま信じていたかどうか、というのはまた別問題である。

筆者による解説（本書三）では、江戸後期の「疫病」観について、古典文学研究や民俗学における怪異・妖怪研究の蓄積をもとに分析を行なう。主として江戸府内の状況を綴った『安政箇労痢流行記』の記事について検討するため、江戸および武蔵国について記した記録（斎藤月岑『武江年表』など）や江戸・武蔵国の日記類、また必要に応じて日本各地の関連資料なども紐解いていく。こうした試みによって当時のコロリ認識の一端が浮き彫りとなり、それが現在の「感染症」観とはかなり違ったものであったことも明らかになることだろう。

また、疫病と憑き物の理解が近接していたこととも関わるかたちで、幕末・明治には疫病除けの護符が流行した。魯文『流行記』の末尾にある「白沢の図」もその一つである。これについては佐々木論文（本書四）が詳しく解説している。

〈注〉

（1）『安政箇労痢流行記』（外題『安政午秋　頃痢流行記』）、天寿堂（江戸馬喰町）刊、全一冊。本稿では国文学研究資料館蔵本（書誌 ID：200016640）を参照。

引用に際しては分かりやすさに配慮して、一部、表記をあらためている部分がある。以下の引用についても同じ。なお、本稿で扱う情報は全て、本稿執筆時点の二〇二〇年十二月二十五日現在のものである。

（2）ただし『安政見聞誌』の成立については諸説あり、その著者を魯文とすることには異論もある。魯文および『安政見聞誌』については以下を参照。興津要『仮名垣魯文　文明開化の戯作者』有隣堂、一九九三年。若水俊「『安政見聞誌』は仮名垣魯文の作か」『茨女国文』第十二号、茨城女子短期大学、二〇〇〇年三月、一 - 七頁。

一　仮名《かな》垣魯《がきろ》文《ぶん》『安政《あんせい》箇労《ころ》痢《り》流行記』

（翻刻＝門脇大）

〈凡例〉

本文と注を一に、現代語訳を二に収録している。

注は、翻刻の該当語に＊を付し、医学関連語については周防一平が、その他の語句については広坂朋信が担当した。

現代語訳は、文脈にかなう範囲で意訳した。現代語訳の作成にあたっては広坂の協力を得た。

底本には国文学研究資料館所蔵本（書誌ID：200016640）を用いた。ただし、虫食い等により判読し難い箇所と挿絵は同資料館所蔵本（書誌ID：200013307）によって補った。翻刻の方針は、左記の通りである。

一、丁付は、各丁の終わりに第一丁表を（一オ）、第一丁裏を（一ウ）のように略記した。なお、十七丁裏以降の挿絵がある箇所については、（十七ウ［上］）のように略記し、本文の続きを示す記号は割愛した。

一、本文の仮名遣いと振り仮名は、底本のままとした。

一、読みやすさを考慮して、句読点と中黒点を補った。底本に句点がある場合も、句読点を置き換えた。また、会話と心内語に相当する部分は「　」で括った。

一、漢字は、原則として現在通行の字体を用いた。ただし、当時において慣用と考えられるものなどは底本のままとした。

一、助詞「ハ」や「ヲ」などは平仮名とした。なお、「アレ」や「コレ」などは底本のままとした。

一、助詞「之」は「の」、「与」は「と」、「ゟ」は「より」、「而」は「て」と翻字した。ただし、振仮名のある箇所は底本のままとした。

一、捨仮名や助詞を小さく片仮名で表記するものは、平仮名に改めて前後と区別しなかった。ただし、「ヶ」はそのままとした。

一、反復記号の「ゝ」、「〳〵」、「〴〵」は底本のままとした。

一、明らかな誤記・誤刻・脱字・衍字・宛字などは、当該文字の次に〔　〕で正しいと思われる表記を示すか、〔ママ〕とした。

一、判読不能箇所は□として、〔　〕で該当すると思われる文字を示した。

一、割書は〈　〉で括った。

一、挿絵は、底本の挿絵位置を翻刻中に示した。

〈付記〉本書の中には、今日の観点から見て人権上問題のある表現もあるが、資料的価値を考慮して、そのまま翻刻した。

安政午秋　頃痢流行記　全

転寝《ころびね》の遊目《ゆめ》序

*正享間記《しやうきやうかんき》てふ書《ふみ》の中《うち》に、*正徳《しやうとく》六年の真夏《なつ》、熱症《ねつしやう》おほく世《よ》に流行《はやり》て、大江戸《おほえど》のまち〳〵に病《やみ》て死《し》する、個月《ひとつき》のうちに八万《はちまん》に余《あま》りぬるにぞ。棺《ひつぎ》を工《たくむ》いとまなく、酒《さけ》の空樽《あきだる》を購《あかな》ふて亡骸《なきから》をおさめ、寺院《てら〳〵》に野辺送《のべおく》る。おき土《つち》の場《には》も埋《うつむ》るに咫尺《ところ》なければ、其宗体《そのしうてい》を論《ろん》せず、火葬《くわさう》ならでは（序一オ）請《うけ》おさめす。このゆゑに、誰《たれ》も渠《かれ》も荼毘所《たびしよ》におくるに、棺《ひつぎ》の数《かず》かぎりもなく積重《つみかさね》て、半月《はんつき》を過《すぐ》れども焼《やく》こと能《あた》はず。到来《たうらい》の順《じゆん》を待《また》ば、日数《ひかず》はるかに経《へ》て、貧《まづし》き者《もの》の亡骸《なきから》はいかにともすべなく、処《ところ》の長《をさ》がはからひにも届《とゞ》かで、終《つゐ》に*

公庁《おほやけ》に訴《うつた》へまうしゝに、最《いと》もかしこき泰《おほせ》［奉］命《ごと》を蒙《かうふ》り、速《すみやか》に寺院《てら〳〵》に

正享間記…不詳。正徳から享保までの記録の意か。

正徳六年…西暦一七一六年。第七代将軍徳川家継没。

（下の空き）…次の言葉が「公庁」であるため敬意を表して空白にしてある。

おほせて、葬《はうむ》り難《がた》きは回《ゑ》向《かう》の後《のち》に（序一ウ）菰《こも》むしろに包《つゝみ》て、船《ふね》に乗《の》せ品川《しながは》の沖《おき》にしづめて水葬《すゐさう》になさせ給ひしとぞ、記《しるし》たり。されは、此《こ》たびの*暴病《にはかやまひ》に人《ひと》のおほく損《そん》するさまも、その時《とき》の事《こと》に似《に》かよひたれば、いにしへを当時《たうじ》にたくらべ、今《いま》もむかしとなる折《をり》から、談柄《はなしぐさ》ともなしてんものをも、筆《ふで》まめびとのかひ［き］しるしたる老婆心《ろうばしん》を、むげに見捨《みすて》むことの本意《ほい》なく、一種《ひとくさ》の暗記《そらおぼえ》をもて、序《じよ》に換《かふ》るものならし。（序二オ）

*安政つちのえ午の秋きく月
はしめの八日に*ふきいほりにすむ
*紀のおろかしるす

*白梅道人筆（序二ウ）

〔挿絵序二ウ〕

暴病…【医】急性劇症。発症から急速に症状の悪化する病。ここではコレラを指す。

安政つちのえ午の秋きく月…安政五年九月、西暦一八五七年で戊午にあたる。菊月は陰暦九月。

ふきいほり…古き庵か。

紀のおろか…未詳、仮名垣魯文自身のことと思われる。

白梅道人…未詳、あるいは絵師か。

〔挿絵序二ウ〕

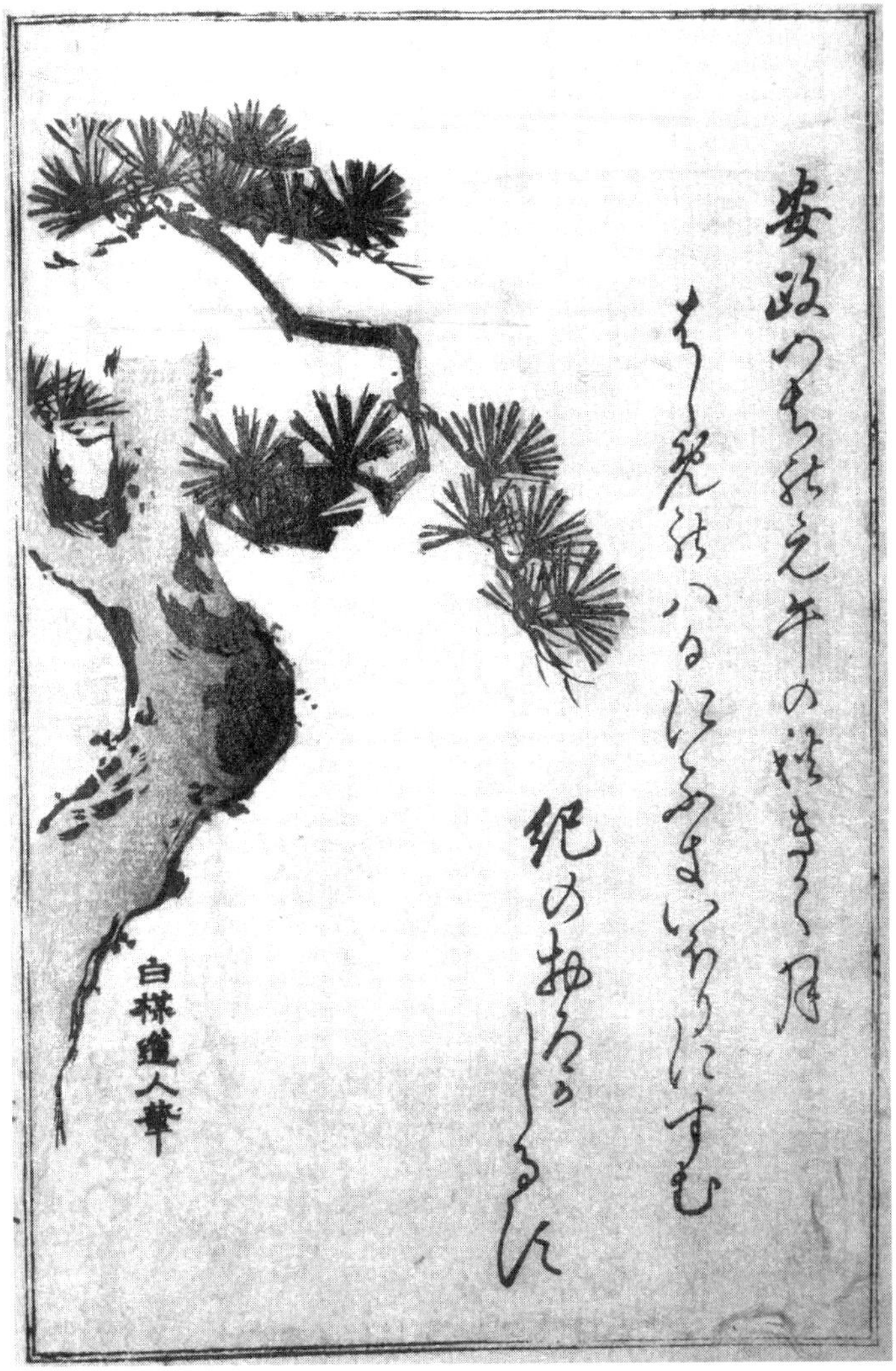

*安政箇労痢《ころり》流行記《りうこうき》概略《おほむね》

紅花《こうくわ》の風《かぜ》に散《ちり》、黄葉《くわうえふ》の霜《しも》に移《うつる》。盛《さかん》なる物の衰《おとろふ》ること、此世《このよ》のならひ自然《をのづから》なり。さるが中に、常《つね》ならぬ風に誘《さそ》はれ、少《わか》きが老《おひ》るに先立も又定りたる業《わざ》にして、生死は決《きはめ》て量《はか》るべからず。しかはあれ、当時《このごろ》流布《るふ》の*暴瀉病《ばうしやびやう》にて死するぞ、凡俗《ぼんぞく》の心には、更《さら》に天命《てんめい》とは思ひ設《まうけ》ず。今茲《ことし》安政五戊午年六月下旬、東海道筋《とうかいだうすぢ》より流行《はやり》初《そめ》、近国《きんごく》一円《いちえん》にひろごりて、此病《やまひ》に犯《をか》さるゝ者、九死《きうし》に一生を保《たも》つは稀《まれ》なり。遠《とふ》く隔《へだゝ》る地は去来不知《いざしらず》。僕《やつがれ》が輩《ともがら》、既《すで》に目前《まのあたり》に見聞しる土地《ところ》をいはんに、大江戸は七月の上旬、(二オ) 赤坂辺《あかさかへん》に始《はじま》り、霊岸島《れいがんじま》辺にも多《おほ》くありて、日ならず諸処《しよ〳〵》に押移《おしうつ》り、八月上旬より中旬に至《いた》りては、病倍々盛《やまひます〳〵さか》んにして、死する者、大きは一町に百余人、小［少］《すくな》きは五、六十人。葬礼《さうれい》の棺《ひつぎ》、大道小路《だうせうぢ》に陸続《うちつゞき》て、昼夜《ちうや》を棄《すて》ず絶《たゆ》る間《ひま》なく、御府内《ふないす》数万《まん》の寺院《てら〴〵》は、何所《いづこ》も門前《もんぜん》に市《いち》をなし、焼場《やきば》の棺《ひつぎ》、所《ところ》せきまで積《つみ》ならべて山《やま》をなせり。夕《ゆふべ》に人を焼葬坊《やくをんばう》も、旦《あした》

安政箇労痢流行記…底本の題箋には「頃痢」とあるが本文では「箇労痢」と表記している。いずれも「コロリ」の宛字。

暴瀉病…【医】急性の激しい下痢。コレラの別称。他に暴卒病、虎狼痢、痧病、見急などとも称される。

に茶毘《だび》の烟《けむ》りと登《のぼ》り、誂《あつら》へられし石塔《せきとう》屋も、今の間に自己《おの》が名を*五輪《りん》に止《とゞむ》るなど、一々に言《いひ》も尽《つく》さず。博識《ものしるひと》の漢《から》の倭《やまと》の史《ふみ》ども披閲《くりひろげ》ても、未《いまだ》かゝる例《ためし》を見（三ウ）出《いで》ず。名《な》たゝる*医工《くすし》の鑑定《かんてい》にも、病根《びやうこん》名証《めいしやう》を知《し》るよしなく、徒《いたづら》に頭《かしら》を傾《かたぶ》け、手《て》を拱《こまぬ》きて死《し》を侍《まつ》［待］而《の》已《み》。如何《いかん》とも方便《せんすへ》なし。適々《たま〳〵》*芳香散《はうかうさん》の如《ごと》き御《ご》伝方《でんはう》、和蘭《おらんだ》*シーボルトの経験《ためしたること》なんど、救急《きう〳〵》の要方《えうはう》を得《う》るとも、卒病即死《そつびやうそくし》、用《もちゆ》るに間《いとま》なく、復《ふく》するに時《とき》を失《うしな》ふ。故《かるがゆへ》に、土俗《どぞく》、病名《びやうめい》を*狐狼狸《ころり》と揮《あだ》［渾］号《な》して、あらぬ説《せつ》を流言《いひふら》し、妖怪変化《ようくわいへんげ》の所為《しよゐ》なりとし、且《かつ》*水毒《すいどく》といひ、*魚毒《ぎよどく》とす。是《これ》が為《ため》に市中《しちう》の上下《しやうげ》、水上《みなかみ》清《きよ》き玉川《たまがは》の流《ながれ》を汲《くま》ず。盤《はち》に踊《おど》る生魚《なまうを》を喰《くは》ず。貴《たつとき》も賎《いやしき》も、日夜《にちや》此病《このやまひ》に犯《おか》されんことを愁《うれ》ひ、門戸《かど》には諸神《かみ〴〵》の守札《みふだ》を張《はり》、*八ッ指《やつで》の木《こ》の葉《は》を（四オ）釣《つる》し提《さげ》、十字街《まち〳〵》は鎮守《ちんじゆ》の神輿《みこし》を舁出《かきいだ》し、獅子頭《しゝがしら》を舞《まは》し、幣帛《へいはく》を振繽繙《ふりひらめ》かし、軒並家毎《のきなみいへごと》を祓浄《はらひきよ》めるあれば、かゝる年《とし》の疾過《はやくすぎ》ぬべしと思《おも》ふより歟《か》。門辺《かどべ》に松《まつ》・竹《たけ》を錺《かざ》り立《たて》、七五三縄《しめなは》を引巡《ひきめぐ》らし、煎豆《いりまめ》を蒔《まく》もあれば、厄払《やくはら》ふとて外面《そとも》に来《く》るあり。その様《さま》、*祇園会《ぎをんゑ》と年越《としこし》とを打交《うちまじ》へた

五輪…五輪塔、地水火風空をあらわす梵字を刻んだ石塔。墓石として使われた。

医工の鑑定…【医】東洋医学では伝統的に医者を「工」と表現する。名医を「上工」、普通の医者を「中工」、下手な医者を「下工」という。

芳香散…【医】薬の名（現代語訳注参照）。御伝方というのは芳香散が幕府により下知された処方であるため、このように記述された。

シーボルト…【医】フィリップ・フランツ・バルタザール・フォン・シーボルト（一七九六 - 一八六六）、ドイツの医者、博物学者。詳しくは現代語訳注参照。

虎狼狸…コロリの当て字。詳しくは今井論文（本書解説1）参照。

水毒・魚毒…【医】当時は

病原菌が発見されておらず、「玉川上水に毒あり」「海中の魚皆浮いて毒あり」などの流言が飛び交った。

八つ指の木の葉…ヤツデの葉、天狗のうちわに似ていることから魔除けになると信じられた。

祇園会…祭礼の起源は疫病神を払うためだとされる。

金屯道人…作者・仮名垣魯文自身のこと。

於出島…出島での暦ということ。すなわち西暦。

ミシツヒー…ペリー艦隊の船、ミシシッピー号のこと。乗員にコレラ患者がいた。

病原…【医】症状が同じであれば病気の原因も同じという考えから、「病のもと」が流行っていれば同様の症状の患者も多数となるとされた。

る心地《こゝち》せり。是《これ》なん未曽有《みぞうう(ママ)》の珍事《ちんじ》にして、古今来《ここんらい》の不思議《ふしぎ》なれば、目前《まのあたり》に見《み》し顛末《もとすえ》を記《きす》るついで、神仏《しんぶつ》の応護《おうご》、霊薬《れいやく》の効験《きゝめ》をも誌《しる》しとゞめ、後患《こうくわん》なからしめん事《こと》の用《よう》に備《そな》ふと、*金屯道人《きんとんどうじん》まうす。（四ウ）

*於出島千八百五十八年第七月十三日　当日本安政五年五月

此両《このりやう》三日中《ぢう》、出島市中《でしましちう》とも、一時《じ》に下痢《げり》、且追々《かつおひ〳〵》吐《はき》かゝり申候。右《みぎ》患病《くわんびやう》の者《もの》、既《すで》に昨《さく》十二日、一時《いちし》に三十人相煩《あひわづらひ》、将又《はたまた》、亜墨利加《あめりか》蒸《じやう》気《き》船《せん》*ミシツヒーにおいても、右様の腹病《はらやまひ》、多人数《たにんず》御座候に付、右《みき》*病原《びやうげん》は究《きはめ》て流行《りうかう》のものと奉存候。右は、他国《たこく》にても頃日多分《このごろたぶん》発《おこ》り申候。一、隣国唐土《りんごくもろこし》にても、諸街市《しよまち〳〵》海岸《かいがん》には、*コレラアシアテイス病名流行《ひやうめいりうかう》仕。右に付、日々《ひ〳〵》、死失多人数《ししつたにんす》御座候由《よし》。依之《これによつて》、出嶋《でしま》に罷在候欧邏《ゑふろつ》巴人《ぱじん》どもに付ては、右下痢《みぎげり》、殊《こと》の外《ほか》*変症《へんしやう》仕、実真《じつしん》のコレラ病《びやう》に不相成様、防方《ふせぎがた》可仕儀に御座候。右の模様《もやう》にては、（五オ）真実《しんじつ》相発《おこり》可申。右病の害《がい》と相成候食物《しよくもつ》、顕然《げんぜん》に御座候。右食物類《みきしよくもつるゐ》、禁止《きんじ》仕、保養《ほやう》

コレラアシアテイス…【医】アジア型（古典型）コレラ。
変症…【医】当時は症状により病名が鑑別されていたため、初発症状が軽症であったものが重症化するとコレラに変症したとされた。

の手《て》当示《あてしめし》置《おき》中候。
第一　胡瓜《きうり》
第二　西瓜《すゐくわ》
第三　李《すもゝ》　杏子《あんず》　桃《もゝ》
右《みき》二品《しな》は、至極大事《しごくたいじ》の下痢《げり》、不可服物《ふくすべからざるもの》に御座候。第《だい》三品は、於日本《にほんにおいて》相用候様の未熟《みじゆく》の菓物《くだもの》、是《これ》は顕然害《げんぜんがい》に相成申候。
一、欧邏巴《あふろつぱ》の諸国《しよこく》、其外国々《そのほかくに〳〵》において、右様の病気発《びやうきはつし》候節《せつ》は、右病の増長防《ぞうちやうふせぎ》候為《ため》、其国民《そのくにたみ》の右害《がい》に成候食料《しよくりやう》の儀（五ウ）告知《つげしら》せ、勿論売《もちろんはい》買《か[ば]い》禁《きんじ》候事、必用《し[ひ]つよう》の儀に御座候。依之《これによつて》、和蘭政府医師《わらんせいふのいし》たる役目《やくめ》に御座候。且又《かつまた》、日本人に付ては、右の通り養生法一統示《やうしやうほういつとうしめし》方《かた》、強《しい》ては難申上儀《まうしあげがたきぎ》に御座候。
第一　胡瓜《きうり》、西瓜《すゐくわ》、未熟《みじゆく》の杏子《あんず》、李《すもゝ》等、相用候儀、堅禁《かたくいましめ》候事。
第二　人々、裸《はだか》にてかならず夜気《やき》に触《ふれ》不申様、心掛《こゝろがけ》可申。夜分《やぶん》、決《けつし》て衣類覆《いるゐおふ》はず寝入《ねいり》申間敷候事。
第三　日中《く[に]つちう》暑気《しよき》にふれ、余《あま》り心労《しんらう》の仕事《ごと》致間敷候事。

第四　諸惰《しよだ》［堕］弱《ぢやく》の行《おこなひ》、殊《こと》に酒呑過《さけのみすぎ》候儀、もつとも害《がい》に相成候事。（六オ）

第五　若《も》し下痢《げり》相覚《おぼえ》候はゞ、直様《すぐさま》療用《れうよう》の手当《てあて》致《いた》し、猶予《ゆうよ》いたす間《ま》じく候事。

右の通り申上候訳合《わけあひ》にて、私共《わたくしども》を襲《おそ》［ママ］候危敵《きてき》たるコレラ病《びやう》、除去《のぞきさり》候。御賢慮《ごけんりよ》、可被為在儀に御座候。

和蘭海軍方第二医官
於日本窮理学官
*ウヱイヱルボムヘフアン
メードルフヲールト

この写は、長崎出島舶来の蘭人より奉行所へ書上候和解にして、全く日本国のみ右病の流行するにあらざることをしらしめんがため、こゝにしるして世界のわづらひなる事顕然たり。（六ウ）

ウヱイヱルボムヘフアンメードルフヲールト…【医】ヨハネス・レイディウス・カタリヌス・ポンペ・ファン・メーデルフォールト（一八二九‐一九〇八）。オランダ海軍の軍医、日本ではポンペとして知られる。詳しくは現代語訳注を参照。

御触書之写《*おんふれがきのうつし》

此節流行《このせつりうかう》の暴瀉病《ばうしやびやう》は、その療治《れうち》かた種々《しゆぐ》ある趣《おもむき》に候得ども、その中素《うちしら》人心得《うとこゝろう》べき法《ほう》を示《しめ》す。予《あらかじ》め是《これ》を防《ふせ》ぐには、都《すべ》て身《み》を冷事《ひやす》なく、腹《はら》に木綿《もめん》を巻《まき》、大酒大食《たいしゆたいしよく》を慎《つゝし》み、其外《そのほか》こなれ難《がた》き食物《しよくもつ》を一切給《いつせつたべ》申間敷候。若《もし》、此症《このしやうもよう》催し候はゝ、寝所《ねどこ》に入《いつ》て飲食《いんしよく》を慎《つゝし》み、惣身《そうしん》を温《あたゝ》め、左《さ》に記《しる》す芳香散《はうかうさん》といふ薬《くすり》を用《もち》ゆべし。是而已《これのみ》にして治《ぢ》する者少《ものすくな》からず。且又《かつまた》、吐瀉《はきくだし》甚敷《はなはだしく》、惣身冷《そうしんひゆ》る程《ほど》にいたりし者《もの》は、焼酎《しやうちう》壱、弐合の中《うち》に、龍脳《*りうのう》、又は樟脳《しやうのう》壱、弐匁を入《いれ》てあたゝめ、木綿《もめん》のきれにひたし、腹《はら》并に手足へ静《しづか》にすり辺《こみ》、芥子泥《*からし》を心下《しんか》・腹《はら》・手足《てあし》へ小半時《こはんとき》ぐらいづゝ張《はる》べし。

（七オ）

芳香散《はうかうさん》　上品桂枝《*けいし》細末・益智《やくち》同・乾姜《かんきやう》同　各等分

右調合《みぎてうがう》いたし、壱、弐はいづゝ時々《ときぐ》用《もち》ゆべし。

芥子《からし》泥粉《こ》　温飩粉《うんどんこ》　各等分

右あつき酢《す》にて堅《かた》くねり、木綿《もめん》きれにのばし張《はり》候事。但《たゞ》し、間《ま》に合《あ》は

御触書の写…同年の触書を参照すると、ほぼ同文の触書を確認できる（『江戸町触集成』十七巻、塙書房、二〇〇二年。二七九・二八〇頁、二八四・二八五頁。本書三五頁「午八月」の末尾「…不触知もの也。」まで）。ただし、本書で「午八月」として記載される二つの触書は、ともに「九月」と記されている。

龍脳、又は樟脳…【医】竜（龍）脳はフタバガキ科のリュウノウジュの樹脂を加工し結晶化させたもの。樟脳はクスノキ科クスノキの葉や枝などを蒸留精製して作られる揮発性の結晶。

芥子泥…【医】芥子（カラシ）の種子を微温湯で練ったもの。現代語訳注も参照。

桂枝…【医】桂枝、益智、乾姜は、いずれも漢方で

ざる時《とき》は、あつき湯《ゆ》にて芥子《からし》泥ばかりねり候てもよろし。

又法《またほう》

あつき茶《ちや》に、其三分一焼酎《そのさんぶんいちしやうちう》を加《くわ》し、砂《さ》糖《とう》を少《すこ》し加《くは》へ用《もち》ゆべし。但《たゝし》、座《ざ》敷《しき》を閉《とぢ》、木《も》綿《めん》きれに焼酎《しやうちう》をつけ、頻《しき》りに惣身《そうしん》をこするべし。但《たゞ》し、手足《てあし》の先《さき》并に腹冷《はらひゆ》る所《ところ》を温鉄《おんてつ》、又は温石《おんじやく》を布《ぬの》に包《つゝ》み（七ウ）湯《ゆ》をつかひたる如《ごと》き心持《こゝろもち》に成程《なるほど》こするも又よし。

右は、此節流行病《このせつりうかうびやう》甚《はなはだ》しく、諸人難義《しよにんなんぎ》致し候に付、其症《そのしやう》に拘《かゝ》はらず、早速用《さつそくもちひ》て害《がい》なき薬法《やくほう》。諸人心得《しよにんこゝろえ》のため、無急度相違《きつとなくあいたつし》候事。

午 八月

*千住小塚原辺《せんじゆこづかはらへん》、此度死人《このたびしにん》おんぼう*数多《あまた》の事故《ことゆゑ》、手廻《てまは》り兼《かね》、数日《すじつ》その侭《まゝ》に致《いた》し置《おき》、臭気《しうき》立《だち》、下谷《したや》辺《へん》・浅草辺等《あさくさへんとう》は、殊《こと》の外迷惑《ほかめいわく》の趣《おもむき》にて、夜中《やちう》は猶更甚敷《なをさらはなはだしく》、此体《このてい》にては、右臭気《みぎしうき》にふれ候者共《ものども》、*疫癘《ゑきれい》・敗熱等《はいねつとう》の病症相発《びやうしやうあいはつし》可申と、医道方《いだうがた》は此節より心配《しんぱい》致し候趣に付、当分仮《たうぶんかり》

用いられる生薬。詳しくは現代語訳注参照。

千住小塚原…現在の東京都荒川区南千住。

おんぼう…火葬の業務に従事する人々。

疫癘・敗熱…【医】疫癘は疫病。敗熱は消耗性の熱性疾患。

埋《うづめ》等も致《いた》し候歟《か》。又は、手廻し致し方《かた》可有之哉、厚勘弁《あつくかんべん》いたし、右様（八オ）の次第《しだい》に不至《いたらざる》様、精々《せいぐ》其筋《そのすぢ》へ可申渡候。

右の通、寺社奉行《じしやぶぎやう》より其筋へ申渡候間、町中其心得を以《もつて》、埋葬《まいさう》の儀取斗《とりはからひ》候様、可申渡候。

午八月

此節流行之病症《このせつりうかうのびやうしやう》にて死亡人《しばうにん》多《おほ》く、市中一統《いつとう》恐縮之余《きやうしゆくのあま》り、中には祈祷《きとう》与唱《となへて》手遊《あそび》の神輿《みこし》、或《あるひ》は獅子頭《ししがしら》等《とう》、夜中《やちう》町内持歩行《もちあゆみ》候哉の趣、畢竟邪気除《ひつきやうじやきよけ》候儀《ぎ》と、軽《かろ》き者共《ものども》心得違《ちがひ》にて、右様《みぎやう》の所業《しよぎやう》致間敷とも難申《まうしがたく》、穏《おだやか》に祈祷等致し候儀は格別《かくべつ》、多人数集《たにんじゆあつま》り候様子《やうす》にては、平日《へいじつ》と違此節柄《がら》、火の用心は勿論《もちろん》、都《すべ》て物騒敷《ものさはがしき》儀、無之様（八ウ）兼《かね》て申渡置候に付、相慎可罷在儀《つゝしみまかりあるべく〔き〕ぎ》、右体心得違《ていこゝろえちがひ》有之間敷、全《まつた》く風聞迄《ふうぶんまで》の義〔儀〕と相聞《きこ》へ候得共、御中隠《*ごちういん》中、万一《まんいち》心得違の者有之候はゝ、当人は不及申に、町役人《ちやうやくにん》共迄《まで》、急度《きつと》可及沙汰《さた》候条《でう》、其旨《そのむね》町中不洩様《もれざるやう》、可触知《ふれしらすべき》もの也。

御中隠…直前の空白は、徳川将軍家への敬意を示す闕字。一三代将軍徳川家定（安政五・七・六没）の死去に伴う服喪期間。『武江年表』に「此の頃幕府の御他界によりて、鳴物御停止ありし時なれば、絃歌鼓吹閭閻に絶え、市中も寂寥として物淋しく、夜中往来甚だ少し」とある（一六七頁下）。

午 九月

○此節《このせつ》、*深川冨吉町《ふかがはとみよし》道具屋《だうぐや》何某《なにがし》なる者、流行病《りうかうびやう》にて死《し》したる貧窮《ひんきう》なるやからの、葬具《さうぐ》調《とゝのへ》兼《かね》候者へ棺桶《くわんおけ》を施《ほどこ》すに、日毎《ひゞ》四十五、六宛《づゝ》出《いだ》す。是又《これまた》、未曽有《みぞう》の功徳《くどく》ならずや。

○当八月中旬《ちうじゆん》、*佃島漁沙《つくだじまりやうし》何某なる者に、*野狐《やこ》取《とり》つきけるにぞ。（九オ）近隣《あたり》の者駆《はせ》あつまり、神官《しんくわん》・修験《しゆげん》の祈《いの》りを乞《こ》ふて、さま〴〵と攻《せめ》ける故《ゆゑ》にや、狐《きつね》、彼《かの》者の躰《たい》を抜出《ぬけいで》外《と》の方《かた》へ逃去《にげさる》を、在《あり》あふ人々《ひと〴〵》追欠《おひかけ》［駆］て是を捕《とら》へ、即時《そくじ》に打殺《うちころ》してければ、*長《おさ》たる者のはからひにて、彼狐の死骸《なきがら》を焼捨《やきすて》て烟《けぶり》となし、其辺《そのほとり》に三尺四方の祠《ほこら》を建《たて》て霊《れい》を祭《まつ》り、すなはち*尾崎《をさき》大明神と崇《あがめ》けるとぞ。

○*京橋《きやうばし》南伝馬町壱丁目、桶屋《をけや》何某の娘《むすめ》、当病《たうびやう》に犯《おか》され、吐《と》瀉甚《しやはなはだ》しく、絶《たえ》も入べき形相《ありさま》なれば、父母《はらから》大ひにおどろき周章《あはて》、近辺の町医《まちい》横田《よこた》何某を乞《こひ》て見せしむるに、彼医者《いしや》、容躰《ようだい》をうち見《み》、*脈察《みやくさつ》して、「とても存命覚束《ぞんめいおぼつか》なし。されども、*捨薬一帖《すてぐすりいつてう》を参《まゐ》らせん」とて、（九ウ）調合《てうかう》な

深川冨吉町…現在の東京都江東区永代一丁目のあたり。

佃島…隅田川の河口にあった島。現在の東京都中央区佃一〜三丁目。

野狐…神社などで祀られていない神霊としての狐。

長たるもの…土地の有力者。

尾崎大明神…現在の中央区佃一丁目にある於咲稲荷波除稲荷神社がこれにあたるか。

京橋南伝馬町壱丁目…現在の東京都中央区京橋一丁目のあたり。

脈察…【医】脈診。撓骨動脈を診て、病態を判断した。

捨薬…気休めに与える薬。

すうち、彼娘《かのむすめ》は悶乱《らん》なして息《いき》たえしかば、医沙も本意《ほい》なく、そこ〳〵に程近《ほどちか》き我家《わがや》へ立帰《たちかへ》りしが、いかゞしけん、忽ちに腹いたみて、その侭《まゝ》に息絶《いきたえ》たり。妻なるもの、おどろきかなしむに、近隣《きんりん》の者《もの》走《はせ》あつまり、さま〴〵に介抱《かいはう》なせども、顔色死相《かんしよくしさう》に変《へん》し、寸脈《すんみやく》も通《かよ》はず。此時《このとき》、先《さき》に此医者を招《まね》［ママ］たりし桶屋《おけや》にては、むすめの死骸《なきから》を棺《ひつぎ》の中《うち》に納《おさめ》んとしける折《をり》、ふしぎにも彼娘茫然《かのむすめばうぜん》として*蘇生《よみかへり》しかは、父母《ちゝはゝ》はじめ、あたりの人々再《ふたゝ》び驚《おどろ》くばかりなるが、両親《ふたおや》は*盲亀《もうき》の浮木《ふぼく》にあひたる如《こと》く、喜《よろこ》ふ事大《おほ》かたならす。此《この》よしをかゝりたる医沙《いし》の方《かた》へ告《つけ》しらすに、「医沙《いし》は、只今《たゞいま》死《し》したり」と云こし（十オ）ければ、再三驚腑駭嘆《さいさんきやうふかいたん》し、当病《たうびやう》の火急《くはきふ》なるに舌《した》をまき、さるにてもいぶかしきは、病者《ひやうしや》の死《し》したりしと思《おも》ひしは却《かへつ》て蘇生《よみがへり》、人《ひと》を活《いか》さんとする医生《いせい》は忽地《たちまち》に死《し》す。死生《しせい》、時《とき》を同《おな》じうして、手《て》の裏《うら》をかへすより速《すみやか》なり。されば、娘《むすめ》が入《い》らんとせし棺《ひつぎ》は不用《ふよう》になりたればとて、彼医沙《かのいし》のもとへ送《おく》りやり、彼方《かのかた》の有《う》用《よう》になしたりしも、因縁《いんえん》とこそ思《おも》はれたり。

○*湯嶋三組町《ゆしまみくみまち》、魚屋何某《なにがし》の妻《つま》、店《みせ》に出《いで》て品物《しなもの》を売銭《うりぜに》を取《とら》んとして、そ

蘇生…【医】仮死状態になっていたと考えられる。

盲亀の浮木に…目の見えないウミガメが、大海にたまたま浮かんでいた木の枝に出会うようなこと。ごくまれなことのたとえ。

湯嶋三組町…現在の東京都文京区湯島三丁目。

の侭《まゝ》倒《たふ》れ、*小半時《こはんとき》の間《あひだ》、吐瀉《はきくだし》甚《はなはだ》しく、*喉《のんど》のあたりにふくたみたる物《もの》出来《いでき》て、苦脳《くのう》［悩］甚敷《はなはだしく》、終《つい》に其期《そのとき》を過《すご》さず息絶《いきたえ》けるに、彼《かの》のんとの一物《いちもつ》、口中《かうちう》より*黒気《こくき》と成《なつ》て立昇《たちのぼ》り、消《きえ》うせけるもふしきの事也。（十ウ）

流行時疫　異国名コレラ

一、薄羅紗《うすきらしや》、又は*うこん木綿《もめん》、或《あるひ》はもんぱの類《るゐ》にて、昼夜《ちうや》とも腹《はら》を二重《ふたへ》ほどまき置《おく》べし。

一、桶《おけ》に湯《ゆ》をいれ、からしの粉《こ》を五勺斗り其中《そのなか》に加《くは》えて、折々《おり》両脚《りやうあし》の*三里《さんり》の辺《へん》まで浸《ひた》すべし。

一、家《いへ》の内《うち》に、何《なに》にても灶《たき》ものをなして、湿気《しつき》を除《のぞ》くべし。

一、一切の菓類《くだもの》を多《おほ》く食《しよく》［ママ］ふべからず。

同治法

一、此病《このやまひ》をうけたりと知《し》らば、熱《あつ》き茶《ちや》の中へ其茶《そのちや》の三分一焼酎《しやうちう》を入れ、砂糖《さたう》すこしを加《くは》えてのむべし。又、座敷《ざしき》をたてこめて、風《かぜ》にあたらぬやうになし、其上羅紗《そのうへらしや》のきれ、又はもんぱに焼酎《しやうちう》をつけて、惣身《そうしん》を残《のこ》る方《かた》なくこすりてよし。

此一ひらは、何がしのとのより、*桜木にのぼせてほどこし給ひけるを、又いへ〳〵にてもうつしえて、ひろくひろまりけるゆゑにや。此手当に

小半時…約三〇分。ただしこの場合は夏の昼間なので四〇分ほどか。

喉のあたりにふくたみたる物…【医】不明。下痢の記載がないため、コレラではない可能性が高い。

黒気…病毒、黒い煙のようなイメージで表象された。

うこん木綿…ウコンで黄色に染めた木綿。もんぱ（モンパ）は目の粗い綿布。

三里…【医】経穴の足三里。膝下3寸、前脛骨筋上に取る。養生の灸によく用いられた。

てたすかるもの、いと多しと也。（十一オ）

但し、手足《てあし》、又は腹《はら》などへよく意《こゝろ》をつけ、ひえるところあらば、温鉄《おんてつ》、或は温石《おんじやく》をあたゝめ、布《もめん》につゝみ、浴湯《ゆあみ》せしほどの心持《こゝろもち》になるまで摩擦《こする》べし。

施印*

于時安政第五戊午年八月

○余《よ》が知己《ちき》なる何某《なにがし》、当《たう》八月中旬《ちうじゆん》、こたひの暴病《にはかやまひ》にて死《し》せし者《もの》の為《ため》に、小塚原《こづかはら》なる*茶毘《だび》所《しよ》に至《いた》りし折《をり》、人焼葬坊人足《ひとやくおんばうにんそく》の話《かた》〔語〕れる様《やう》を聞《き》たりしに、「去《さんぬ》る七月十五日の頃ゟ《ころより》、焼釜《やきがま》追々《おひ〳〵》に一はいに相成て、焼数《やきかず》多分《たぶん》なりと思《おも》ひの外《ほか》、月末《つきずゑ》に至《いた》りては、少《すこ》しく減《へり》て釜焼《かまやき》も余《あま》り候ひしに、八月に至《いた》り、四日より五、六日の間は死人《しにん》二、三十宛《づゝ》も残《のこ》り、十日過ゟ《すぎより》六百人程《ほど》も（十一ウ）焼残《やきのこ》り候へは、此分《このぶん》にては中々《なか〳〵》今日より来《きた》れる分は、九月二日、三日頃《ころ》ならでは骨揚《こつあげ》には相不成《あいならず》、如此《かくのごとく》の次第《しだい》故《ゆゑ》、金子《きんす》何程出《なにほといだ》し給ふ（十二オ）〔挿絵十一ウ・十二オ〕とも、中々火急《くはきふ》に焼《やき》候事は出来不申」と物語《ものがた》れり。彼人《かのひと》、辺《あたり》をかへり見るに、庭《には》に積上《つみあげ》たる棺《くわん》の数限《かずかぎ》りなくして、かぞふるに間あらず。始《はじめ》は大通りを至《いた》りしか

桜木にのぼせて…印刷すること。「上梓」の梓はキササゲのことだが、やはり梓と呼ばれるミズメの幹や葉がサクラに似ていることから。

施印…無料で配布された印刷物であることを示す。

茶毘所…火葬場。現在の東京都荒川区南千住の一画に各宗派の火葬を行なう寺が集められていた。切絵図では「火葬寺」と表記されている

〔挿絵十一ウ・十二オ〕

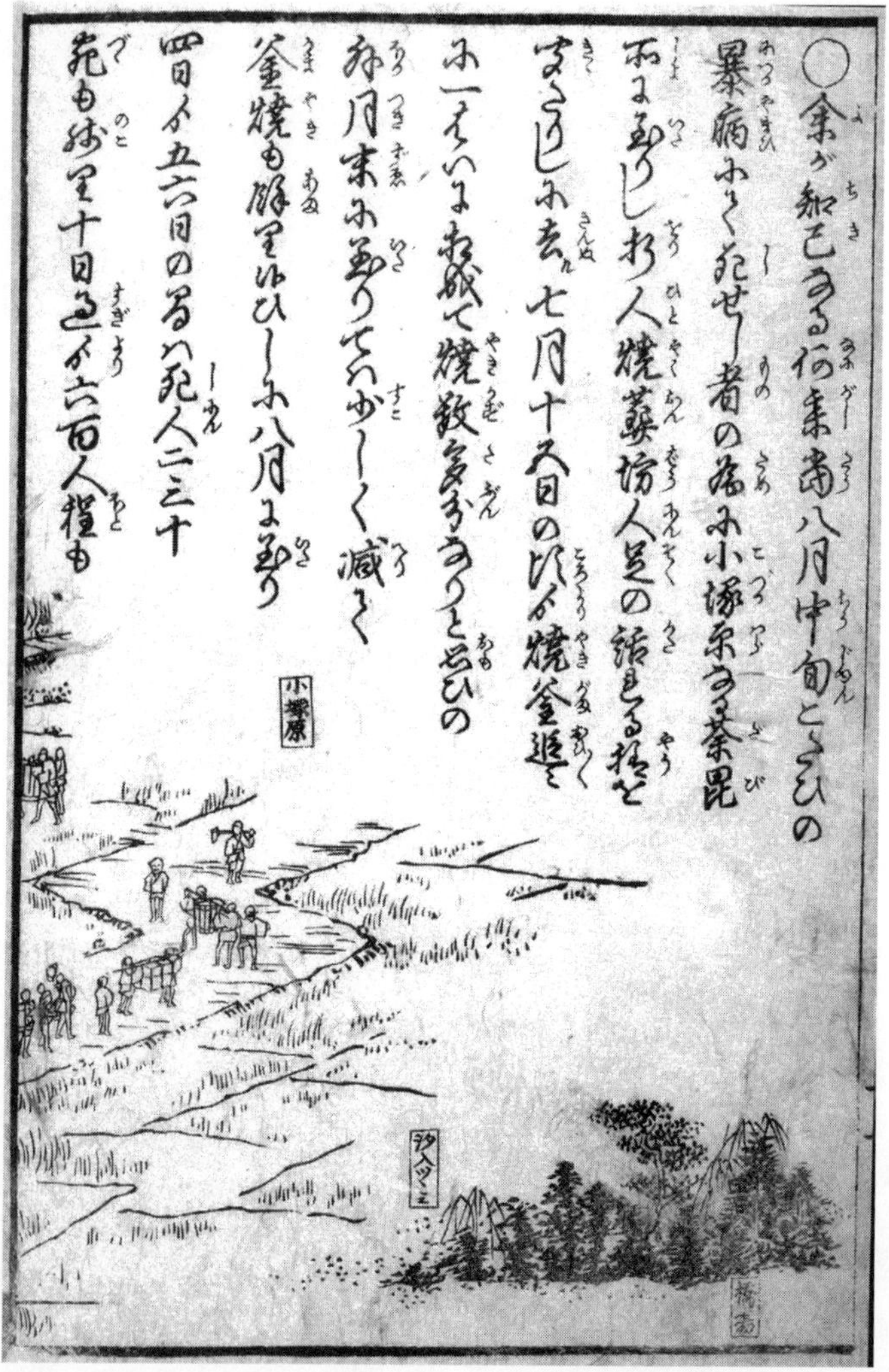

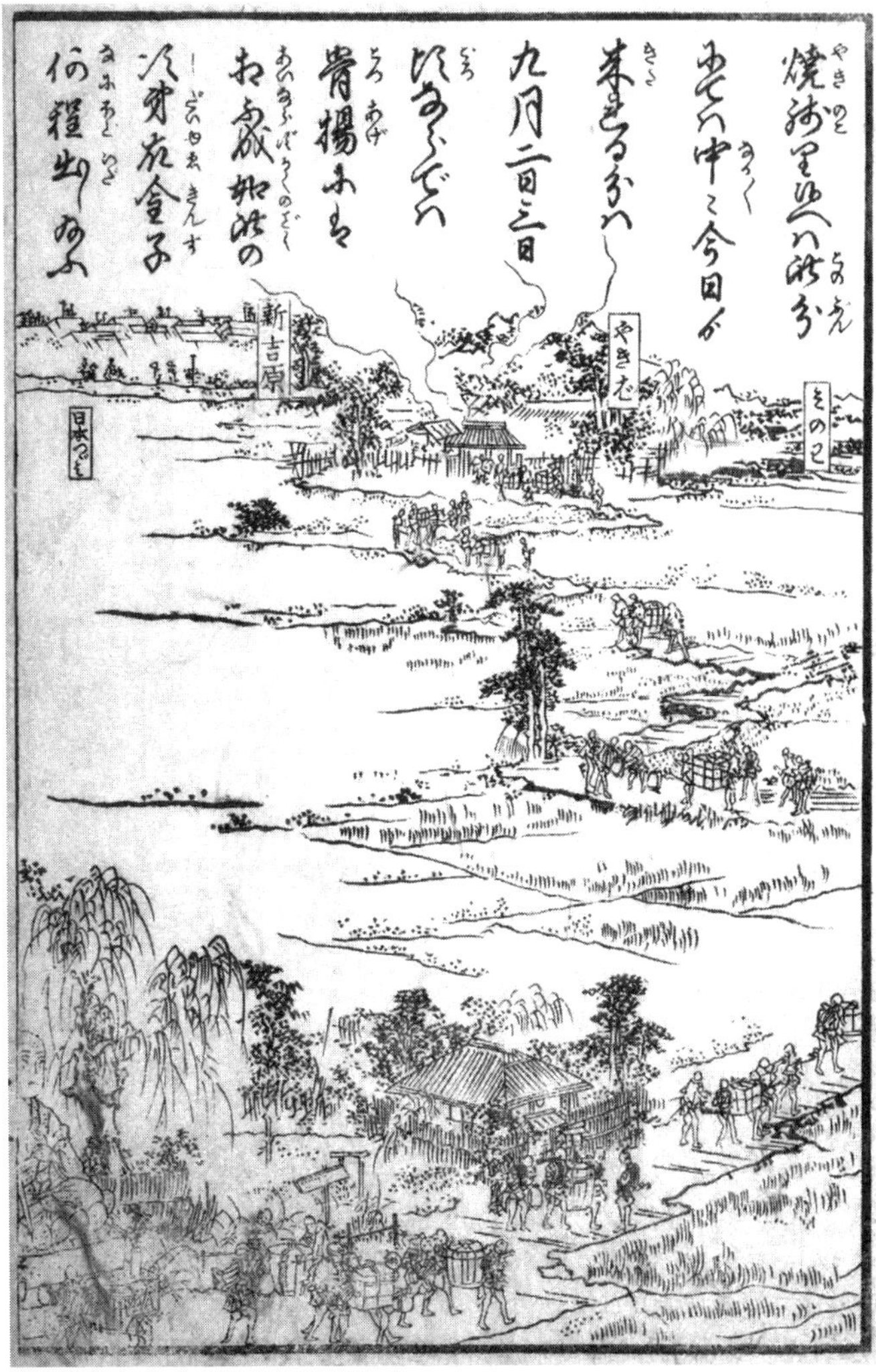
新吉原

茶毘室《やきば》混雑《こんざつ》の図《づ》〔挿絵十二ウ・十三オ〕

ど、其帰るさには*三輪辺《みのわへん》に所用あれば、焼場《やきば》の裏門を抜出《ぬけいで》んと、諸院《しよゐん》の園中《ゑんちう》を指覗《さしのぞ》きつゝ其処を過るに、諸宗《しよしう》はさもなけれと、*一向宗《いつかうしう》の荼毘所《だびしよ》は殊《こと》に多く棺《くわん》をかき入るゝに、場所《ところ》なければ、往還の傍《かたはら》に積揚《つみあげ》て両側《りやうかは》に充満《じうまん》し、道はゞ一身の往来《わうらい》のみなれば、其臭気甚敷《そのしうきはなはだしく》、手拭《てぬぐひ》をもて半面《はんめん》を包《つゝ》み、足早《あしはや》に*新町《しんまち》の通に出たりしが、追々荼毘所に持はこふ棺の数、往来に引続《ひきつゞ》きて、*上野広小路《うへのひろこふぢ》まで、その数《かず》かぞへしが、わずかに*半時《はんとき》の間、道は*半道にたらずして、荼毘所《だびしよ》に遣す死人《しにん》とおぼしき棺数のみ百七十三ありしとて、駭嘆《がいたん》の余《あま》り余《よ》に語《かた》れり。（十三ウ）

○*御府内《ふない》四里四方、町かず三千八百十八丁、各《おの〳〵》三十六丁壱里にして、百六十八里十三丁なり。此度《このたび》、暴瀉病《ばうしやびやう》流行《りうかう》につき、死亡人《しばうにん》多《おほ》く、依之《これによつて》御救《すくひ》被下置。

○*表店八十五万十三軒
男　三百四十万十四人
○盲人　九千百十三人
○出家　七万百十人
○但し、*長袖・*地借・三才以下には不被下。死亡人は勿論也。

三輪…現在の東京都台東区三ノ輪。

一向宗…浄土真宗。門徒数が多かった。

新町の通…下谷通新町、日光街道。

上野広小路…現在の東京都台東区上野三丁目。

半時…約一時間。

半道…一里（約四ｋｍ）の半分ほどの距離。

御府内四里四方…江戸市中の広さを言い表す決まり文句。

表店…通りに面した家。

長袖…医師、僧侶、神官、学者など。

地借…借地人。

壱人五合ぶちとして、此米高
　壱万七十石七升。
女　百七十万二十八人
壱人三合ぶちとして、此米高
　五千百石八升四合。
○裏店*九十二万五千二百二軒
男　百十一万千百二十人
壱人五合ぶちとして、此米高
五千百五十五石六斗。
女　八十五万千二百八人
壱人三合ぶちとして、此米高
　二千五百五十三石三斗二升。

○尼増〔僧〕　三千九百九十人
○神主　八千九百八十人
○山伏　六千八百四十八人
〆九万九千四十八人。此米高
　四百九十五石二斗四升五合。
御府内町方惣人数合て、
〆七百十万千三百十八人也。
○今般御救の儀は、表裏に不
限、貧民へのみ被下置るゝ。

○貧民、男三十一万六千廿人
此米高　壱万五千八百壱石。
○同　女子廿万七千五十六人
此米高　八千百十六石八斗。
右は御救米六万俵高、御割
付を以被下置るゝなり。貧
民男女御救米、合て惣〆
二万三千九百十七石八斗、為
四斗相場、此代、
　〆金六万両なり。（十四オ）

裏店…表店の裏にある家。

〇流行《りうかう》の病《やまひ》をもつて身《み》まかる人々の中《うち》に、其名四方《*そのなよも》に聞《きこ》えしを、聊《いさゝか》こゝに記《しる》す。猶《なほ》、貴賤《きせん》の差別《さべつ》なきは見ゆるし玉へ。又、余病《よびやう》もあるべき歟《か》。

書家　大竹蒋塘	作者　緑亭川柳	画師　菁々所其一	役者　松本虎五郎
同　市川米庵	同　柳下亭種員	作者　楽亭西馬	同　尾上橋之助
俳諧　惺庵西馬	画工　歌川国郷	太夫　清元延寿	同　嵐小六
同　福芝斎得蕪	角力　宝川石五郎	同　清元染太夫	同　嵐岡六
同　過日庵祖郷	同　万力岩蔵	同　清元鳴海太夫	三弦　岸沢文字八
狂歌　燕栗園	三弦　杵屋六左ヱ門	同　清元秀太夫	作者　五返舎半九
講談　一竜斎貞山	同　鶴沢才治	同　都与佐太夫	女匠　都千枝
咄家　馬勇	同　清元市造	太夫　常磐津須磨	女匠　常磐津文字栄
同　上方才六	碑名　石工亀年	同　常磐津和登	同　同小登名
画工　立斎広重	画家　英一笑	太鼓　坂田重兵衛	作者　山東京山
同　桜窓三拙	狂歌　六朶園	人形　吉田東九郎	同　豊竹小玉

（十四ウ）

其名…ここに記された人物については現代語訳を参照。

当時のされ歌…この時に流行した戯れ歌。狂歌。ここに記された歌については現代語訳を参照。

八月朔日…ここに記されている死者数の合計は一二七四二人であり、総数一二四九二人と合致しない。同年の触書を参照すると、ほぼ同様の記録を確認できる（『江戸町触集成』十

○*当時のされ歌《うた》も聞およひしを三ッ四ッしるす。

借金《しやくきん》を娑婆《しやば》へ残《のこ》しておきざりや迷途《めいど》の旅《たび》へころり欠落《かけおち》　紀のをろか

此《この》たびは医者《いしや》も取《とり》あへず死出《しで》の山よみじの旅路《たびぢ》神《かみ》のまじなひ　作者不知

ぜいたくを吐《はい》て財布《さいふ》のはらくだし三日転《ころ》りと寝《ね》つゝけもよし　はれます

流行におくれさきたつうき中にアレいきますと恋もする也　思晴

（十五オ）

埋《うめ》はこむ焼場《やきば》は困《こま》る苦《く》の中に何とて魚喰《さかなく》へなかるらん　作者しらす

〽お寺はよろこべ二日で仏《ほとけ》になつたはヤイ

知己《ちかづき》を往《ゆき》つ返《かへ》りつとふらひのともにゆかぬぞ目出度《めでた》かりける　しな猿

○*八月朔日より晦日まで、日々書上《かきあげ》に相成候死人《しにん》の員数《かず》

朔日　百十二人　二日　百七人　三日　百五十五人
四日　百七十弐人　五日　二百十七人　六日　三百五十人

七日	四百六人	八日	四百十五人	九日	五百六十五人
十日	五百五十九人	十一日	五百七人	十二日	五百七十九人
十三日	六百二十六人	十四日	五百八十八人	十五日	五百八人
十六日	六百二十二人	十七日	六百八十一人	十八日	五百六十一人
十九日	五百九十七人	二十日	四百六十九人	廿一日	三百九十二人
廿二日	三百六十三人	廿三日	三百七十人	廿四日	三百七十九人
廿五日	四百十四人（十五ウ）	廿六日	三百九十七人	廿七日	四百十六人
廿八日	四百三十五人	廿九日	四百四十七人	晦日	三百三十三人

〆一万弐千四百九十弐人　　程有之候由

此分、全書上。此外に*人別なしの者数、一万八千七百三十七人。九月に相成候て、九月に至りては大きに減《げん》し、三、四日頃は五、六十人に相成、夫よりは、はたと相止《あいやみ》、通例《つうれい》に相成申候。

或《ある》*院主《あんじゅ》の談話《はなし》に曰《いは》く、「八月一ヶ月に送《そう》［葬］礼数《れいかず》、凡《およそ》一ヶ年分《ぶん》も来《きた》りし故、平日《つね》は、飯焚《めしたき》、門番老爺《もんばんおやじ》、又門前《またん［ママ］ぜん》の無業人《あそびと》を雇《やと》ひ、大概《たいがい》世話《せわ》敷成《しくなん［ママ］》たりとも、事欠《ことかく》ことはなかりしか、此度《こたび》は石工《いしや》・定日雇《しごとし》も、

七巻、塙書房、二〇〇二年。二九〇頁）。触書では、「十日　四百十八人」「廿一日　三百九拾壱人」「廿九日　三百四拾七人」となっており、総数と合致する。

人別なしの者…人別帳に記されていない無宿人。

院主…庵主。小さな寺の僧侶のこと。

皆々《みな〳〵》懸《かゝ》りて間《ま》に合《あひ》かね、井戸堀《いどや》［掘］職人《じ［ママ］よくにん》を頼《たの》みたるにて、漸々《やう〳〵》安堵《あんど》をなしたり」と、なん。（十六オ）

〇*千住掃部宿《せんじゆかもんじゆく》に、奈良屋平次郎《ならやへいじらう》といへる小間物商人《こまものあきんど》ありける。その妻《つま》、当八月廿日頃《ごろ》、浅草山谷《あさくささんや》に所用《しよよう》ありて赴《おもむき》ける途中《とちう》、今戸《いまど》の方《かた》より、頭《かしら》を剃《そり》こぼち、痩枯《やせがれ》、色青《いろあを》ざめたる若《わか》き男《をとこ》の素裸《すはだか》にて、童等《わらべら》に追《お》はれて来《く》るに（十六ウ）行合《ゆきあひ》たり。余《あま》りに人の立つどひて諠《かまびす》しければ、「何事やらん。狐《きつね》つきの類《たくひ》にや」と、立よどみて人に問《と》ふに、「当病《とうびやう》の為《ため》に死《し》して、焼場《やきば》にやられし者の、只今蘇生《たゞいまいきかへり》て、焼場《やきば》を逃出《にけいだし》、此処彼処《こゝかしこ》をうろつくなり」と語《かた》りしかば、「例《れい》の虚言《そらごと》にや」と、心にも留《とめ》ず、その所を立さり、後《のち》に聞《きけ》ば、是全《これまつた》くの事にして、蘇生《そせい》の若人《わかうど》は、*市ヶ谷辺《いちがやへん》の商家《しやうか》の忰《せかれ》なりけるとぞ。（十七オ）〔挿絵十六ウ・十七オ〕

千住掃部宿…現在の東京都足立区千住仲町・橋戸町のあたり。

市ヶ谷辺…現在の東京都新宿区市谷田町のあたり。

〔挿絵十六ウ・十七オ〕

湯島…現在の東京都文京区湯島。当時の魯文の住居は湯島妻恋町（現・湯島三丁目）にあった。前出の湯嶋三組町も近所にある。

○*湯島《ゆしま》の辺《ほとり》に、貧《まづし》くくらす夫婦《ふうふ》の者《もの》ありけり。夫《をつと》は久《ひさ》しく病《やまひ》に臥《ふし》て、此頃少しく快気《こゝろよき》かたに赴《おもむ》きたれど、未《いま》だ立居《たちゐ》自由《じゆう》ならず。その妻《つま》なるものは、今の世《よ》に稀《まれ》なる貞節《ていせつ》にして、夫《をつと》が長々《ながく》の病《わづらひ》に朝夕《あさゆう》の烟《けふ》り立かぬるを、その身かひぐ〳〵敷立働《しくたちはたら》き、小商《こあきなひ》などしてその日を過《すご》し、夕《ゆふべ》に家《いへ》に帰《かへ》りて、夫の介抱《かいはう》おご［ろ］そかならず。しかるに、その妻《つま》こたびの暴病《ばうびやう》に犯《おか》され、一日病《やみ》て、その夜終《よつひ》に空敷成《むなしくなり》けるが、懐妊《くわいにん》して九ヶ月に成《な》れり。知己《ちかしき》者、打寄《うちより》て談合《たんかふ》し、（十七ウ〔上〕）夫《をつと》は病《やみ》て葬式《さうしき》の手当《てあて》もなかりしかば、手段《しゆだん》して金子《きんす》を調《とゝの》へ菩提所《ぼだいしよ》に送《おく》り、焼場《やきば》にやりて骨拾《ほねひら》ふ日を約《やく》し、近隣《さ〔き〕んりん》の者《もの》は立帰《たちかへ》りぬ。しかるに、その夜《よ》、かの妻《つま》なる者《もの》、焼場《やきば》の葬坊《おんぼう》が枕辺《まくらべ》に立顕《たちあら》はれ、「夫《をつと》が長々《ながく》の病《やまひ》に臥《ふ》し不如意《ふによい》の折から、又我身《わがみ》の為《ため》に一倍《いちばい》の物入《ものいり》ありては、後《のち》の術計尽果《じゆつけいつきはて》なんと思《おも》へば、是《これ》のみ迷《まよ》ひの種《たね》なり」と、さめぐ〳〵と打泣《なき》ける。斯《かく》する事三夜《さんや》なれば、葬坊《おんぼう》も奇異《きい》なる（十八オ〔上〕）事に思《おも》ひ、その夫が杖《つえ》にすかりて骨揚《こつあげ》に来《きた》れる日、子細《しさい》を尋問《たづねとひ》、誠《まこと》に夢想《むそう》と割符《わりふ》を合《あは》せしごとくなれば、焼料《やきれう》を戻《もど》せしうへ、別《べつ》に香奠《かうでん》の料《れう》を（十七ウ〔下〕）あたへ、回向《ゑかう》して遣《つか》はし

けるにぞ。その後《のち》は、別《べつ》に（十七ウ〔中〕）ふしぎもなかりしとぞ。（十八オ〔下〕）

〔挿絵十七ウ・十八オ〕

〔挿絵十七ウ・十八オ〕

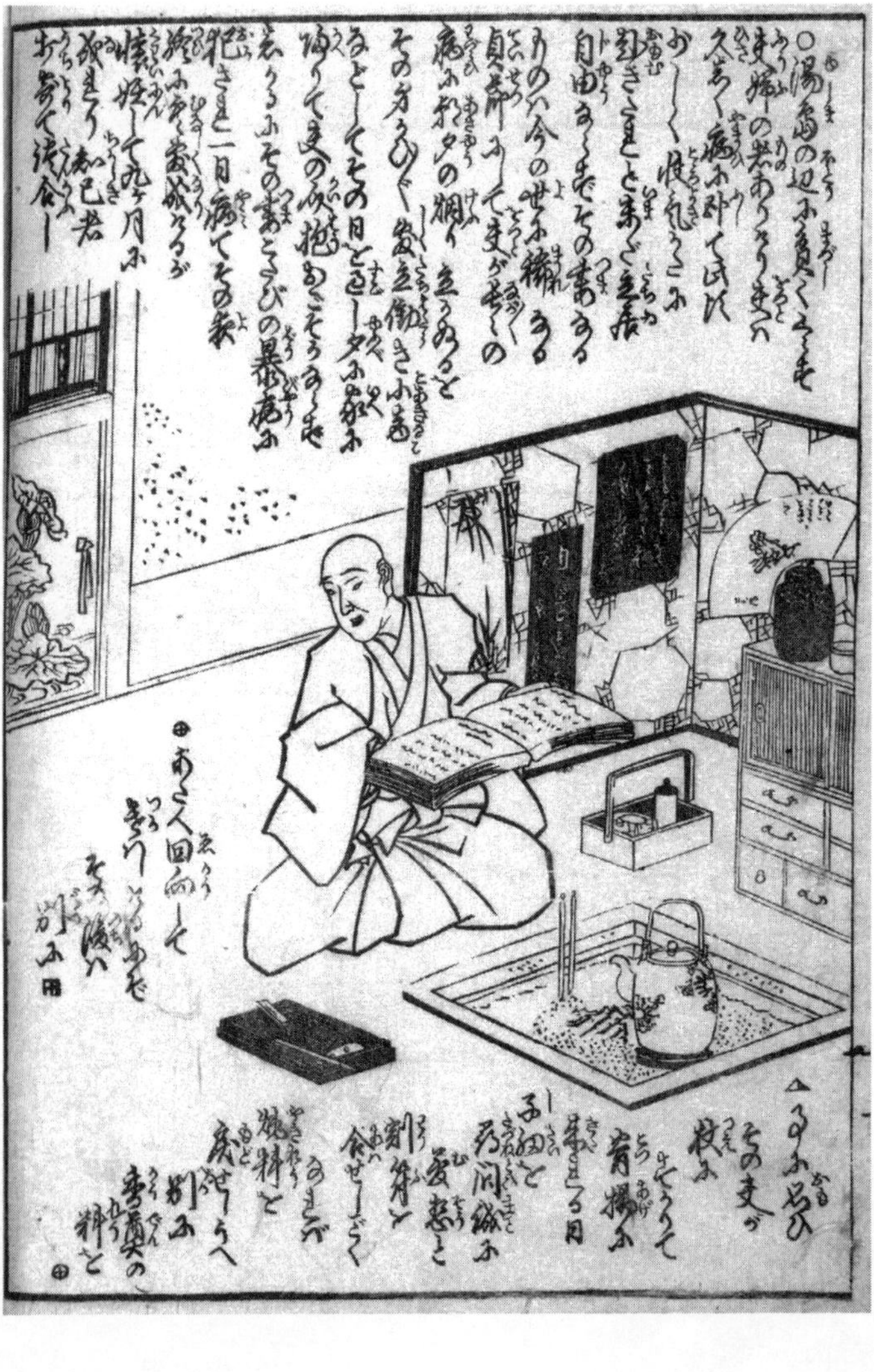

八月十八日の事なりとかや。*数寄屋《すきや》町、大虎《おほとら》〈*家主書役兼道具屋なり〉と申者の裏《うら》、*煙管《らを》のすげかへ渡世《とせい》の者、俄《にはか》に異病躰《いびやうてい》にて、同じ長屋の者寄合《よりあひ》、「野狐《やこ》の付たるにや」と、大勢取巻《おほせいとりまきと》問ひけるに、病人の申には、「某《それがし》、左様《さやう》の者に無之。京都《きやうと》より御用向有《ごようむきあり》、*鉄炮洲《てつぽうずい》稲荷社《なりしや》へ使《つかひ》の者なり。此御用、我等《われら》ども四ッにて承《うけたまは》り候処、二ッは道中《どうちう》小田原《をたはら》にて犬《いぬ》の為《ため》に命《めい》を落《おと》し候へ共、急《きう》なる使故、帰《かへ》りに敵《あだ》を報《むく》はんと思へり。右左《とかく》に食《しよく》に餓《うゑ》たれば、此処《このところ》へは来りし」よし。やがて飯《めし》をぞ食《しよく》しける。其間《そのま》、種々《いろ〳〵》と問《と》ひ懸《かけ》しに、「我《われ》、*八ッ狐《きつね》と申者なり。今度、野狐に付れざるには、八狐親分《おやぶん》三郎左衛門と書《かき》、門戸《かど》に張《はる》べし」と咄《はな》し終《をは》り、すつと立ち、押《おさ》へ居《ゐ》たる四、五人をふり倒《たふ》し、表《をもて》の戸を蹴破《けやぶ》り馳出《はせいだ》す故、僉々《みな〳〵》跡《あと》を追《を》ふたりしに、*水谷町角《みづたにちやうすみ》の稲荷《いなり》の拝殿《はいでん》の前《まへ》にて、「頼申《たのまう》」といふぞとみへしが、打倒《うちたほ》れ、正躰無《しやうたいなき》をつれかへりて、全快《ぜんくわい》のよし。坂部《さかべ》と申*名主の支配下《しはいか》にて、届《とゞけ》を出《いだ》し候よし。数寄屋町家主磯次郎《いそじらう》といふ者の咄《はな》しなり。（十八ウ）

数寄屋町…現在の東京都千代田区八重洲一丁目のあたり。
家主書役…貸家の管理人。
煙管…キセルの管の部分。
鉄炮洲稲荷社…東京都中央区湊一‐六‐七に現存。
八ツ狐…未詳、野狐（やこ）からきたものか。
水谷町…現在の東京都中央区銀座一丁目、水谷橋公園のあたり。
名主…町名主のこと。

厄神…疫病神。

〔挿絵十九オ〕

*厄神《やくじん》も長居《ながゐ》はならじあし原《はら》やさかさに立《たち》し箒星《はふきぼし》には　百舌

〔挿絵十九オ〕

天文《てんもん》の事《こと》はいざしらず。西方《さいはう》に星出《ほしいで》て、画《ゑ》にかける稲《いね》の穂《ほ》のごとく、是《これ》を名号《なづけ》て豊年星《ほうねんぼし》といふ。

出来秋《できあき》や空《そら》にあらはる豊年星《ほうねんぼし》　松瓶

凡《おほよそ》ものは祝《いわ》ひがら。よきもあしきもへのごとくに、見《み》やぶるも又《また》、一箇《いつか》の大悟《だいご》歟。

曇《くも》らざる夜《よ》にすいと出《で》る放屁星《はうひぼし》
武威《ぶゐ》にくさきもなびくしるしぞ　金瓶（十九オ）

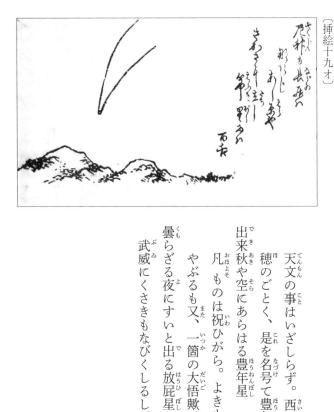

大諸侯…安政年間の雄藩といえば薩摩、長州、土佐、肥前、宇和島、会津、越前の各藩のいずれかか。
宿所…江戸藩邸詰めの藩士のために藩邸内に設けられた宿舎。

中橋岩倉町…現在の東京都中央区日本橋三丁目。本間大英については不詳。
薬用医案…【医】処方カルテ。

○或《ある》*大諸侯《だいしよこう》の藩士《ば〔ママ〕んし》、木津氏《きづうぢ》なる人《ひと》、元来剛勇《ぐわんらいがうゆう》の気象《きしやう》〔性〕にして、武術《ぶじゆつ》も又類《またたぐひ》なき達人《たつじん》なるが、今度《こんど》、或夜《あるよ》の事《こと》なりとかや。宿直《とのい》より退出《たいしゆつ》して*宿所《しゆくしよ》に至《いた》るが、此人未《このひといま》だ妻《つま》もなければ、勝手知《かつてし》りたる我《わ》が家《や》の戸《と》を引明《ひきあ》〔開〕け、内《うち》に入《いり》て寝所《しんじよ》に赴《おもむ》かんとするをり、屏風《べうぶ》の中《うち》より（十九ウ）最凄《いとすさま》じき異形《いぎやう》の妖怪《ようくわい》、忽然《こつぜん》として顕《あらは》れ出《いで》、木津氏《きづうぢ》に飛《とび》かゝるに、「ものくし、ごさんなれ」と、身をはづして腰刀《えうたう》を抜《ぬく》より疾《はや》く、妖怪《えうくわい》の真向目《まつかふめ》がけて切付《きりつく》るに、此形勢《このいきほひ》にへきゑきしてや、（二十オ上）かの妖怪《えうくわい》は、身をおどらし外《と》の方《かた》さして逃《にげ》んとするを、木津氏透《きづうぢすか》さず追《おひ》とゞめ、辛《から》くして是《これ》を生捕《いけどり》、燭《しよく》をてらしてよく〳〵見るに、是《これ》、年経狸《としふるたぬき》にて、当時奇病《とうじきびやう》の流行《りうかう》せる、その虚《きよ》に付込《つけこみ》、諸人《もろびと》をたぶらかし、なやむるものとぞ聞《きこ》えし。（二十オ下）〔挿絵十九ウ・二十オ〕

○*中橋岩倉《なかばしいはくら》町に、本間《ま》大英《えい》といへる町医《まちゐ》あり。こたびの暴泻病《はやりやまひ》に、余《よ》の医《ゐ》師の見捨《すて》たる病《びやう》人をも、自己《おのれ》*薬用医案《やくようゐあん》を尽《つく》して、多《おほ》く本復《ぶく》させたりしが、或夜《あるよ》、近隣《きんじよ》に祝義《しうき》〔儀〕の事ありて、夫《それ》に招《まね》かれ少《すこ》しく治療記録。自身の臨床経験の意か。

酩酊《めいてい》して家《いへ》に帰《かへ》り、寝《ね》まらんとしける時《とき》、鼠《ねづみ》の如《ごと》き獣物《けもの》、大英《えい》が傍《かたはら》に来《きた》りしかば、「アレ、鼠《ねづみ》の寄《よる》に、疾退《とくしりぞ》け（二十ウ）よ」と、妻《つま》に指揮《さしづ》せしかど、妻の目《め》には更《さら》にふれず。兎角《とかく》する内《うち》、「ソレ、鼠《ねづみ》めか膝《ひざ》へ入たり。いかゞせん」と、苦《くる》しみ叫《さけ》ぶに、入たりと思《おも》ふ所《ところ》はれ上りぬれば、妻も立騒《たちさは》ぎ、その所を布《ぬの》をもて結《ゆひ》などするうち、近所《きんじよ》の人々も走《はせ》あつまるに、大英《えい》は、最《いと》くるしけに、「アレ、又腕《かひな》へ上りたり。背《そびら》へむぐりたり」と、悩乱《のうらん》するうち、「こたびは腹《はら》へ入たり」とて、終《つひ》にその侭《まゝ》に息絶《いきたえ》ける。その火急《くわきう》なること、寸間《すんかん》もあらす。是等《これら》の類《たぐ》ひの奇異《きい》ある事、数《かぞ》ふる遑《いとま》あらず。その一ッ二ッを後《のち》に揚《あげ》て、万々年の後、かゝる事あらん時の心得《こゝろえ》に書顕《かきあら》はすをよみねかし。（二十一オ）〔挿絵二十ウ・二十一オ〕

〔挿絵十九ウ・二十オ〕

最凄じき妖怪の身を
いぎやう（異形）の身を
妖怪と
忠椋氏が
妄信
先から（先々）ふり○〜
とさんころとと身ともか○〜獰猛と
接〜候へ妖怪の真向目
○けて切付る（切り付ける）
比較劣ふへる（敗れる）○○〜んや口

怪身を
おどら〜外の方
して遁んとすると
東隣氏遠きに遁らめ
辛くして毛を生捕
狗とらへ○〜らく
又いる（見る）事一怪
同時身年経し狸みそ
高時寺病の流行の
虚に付近人をうかせと
すやむ（病む）ものとそ見え〜

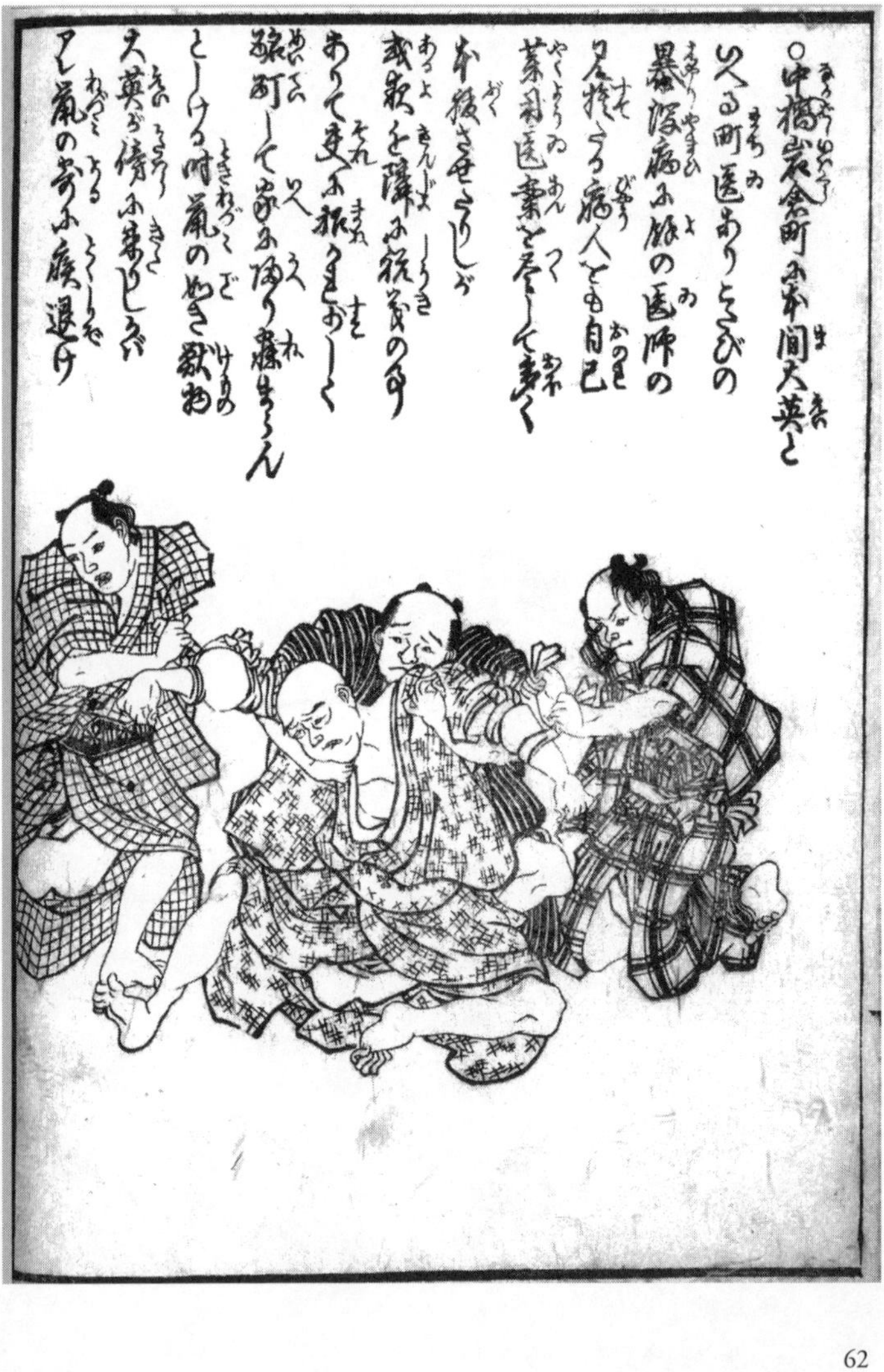

〔挿絵二十ウ・二十一オ〕

よと妻《つま》に指揮《さしづ》
せしかど妻の目《め》にハ
更《さら》にふ見えざる兎角《とかく》する内《うち》
ソレ鼠《ねづミ》めが膝《ひざ》へ入りたりいかゞせんと
苦《くる》しミ叫《さけ》ぶに入りしと思《おも》ふ所《ところ》をさぐれど
ねまき妻も立騒《たちさわ》ぎその所を
布《ぬの》とりて縛《おび》などするうち近所《きんじよ》の人々も走《はせ》
あつまるに大勢《たいせい》ハ最《しと》るしけにアレ又腋《わきま》へ入り
かり背《そびら》へむぐりたりと悩乱《のうらん》するうちころびハ
後《あと》へ入りとて終《つひ》にその侭《まゝ》に息絶《いきたえ》けるその火急《くわきう》なること寸間《すんかん》もあらん其等《それら》
の救《すく》ひの奇異《きい》なる事 虚《うそ》なる今《いまゝ》までその一ッ二ッを後《のち》に揚《あげ》て万々年の後
かゝる事あらん時の心得《こゝろえ》に書記《かきあく》つぎをよみねかし

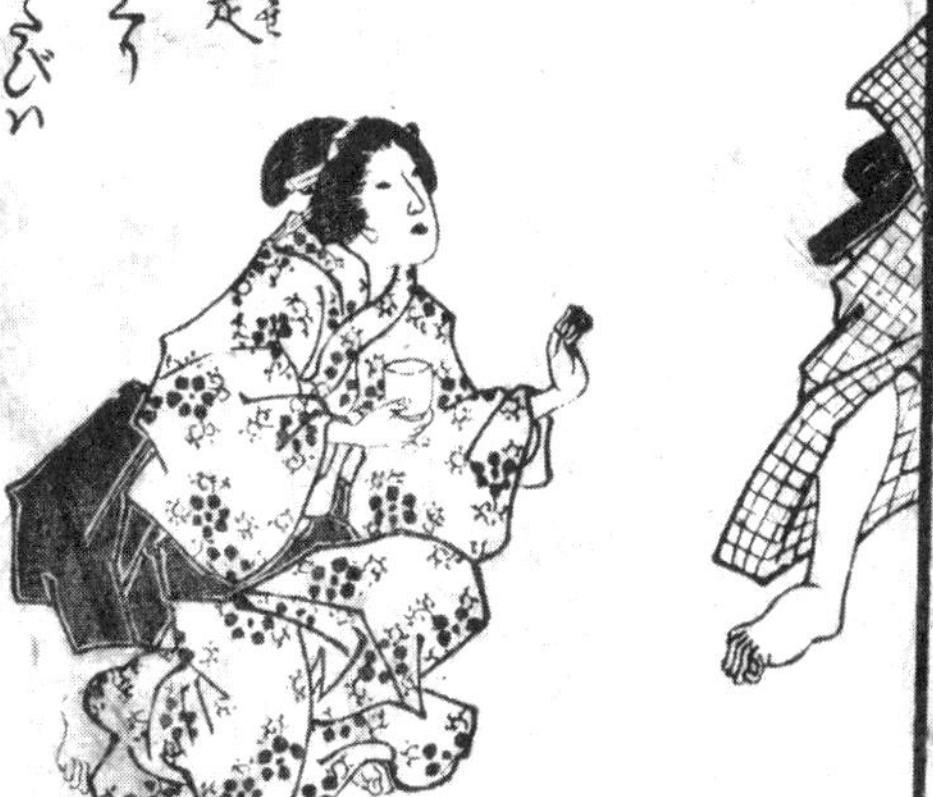

前の大英《たいゑい》の話《はな》しに似《に》て、死《し》せざる者も数多《あまた》あり。其療治《りやうじ》かたを尋《たつぬ》るに、彼《か》の身躰《みうち》なるふくれし処をしかと捕《とら》へ、又跡《あと》［後］先《さき》を結《ゆひ》などして、狐付《きつねつき》を責《せむ》るか如く、「いざ退《しり》ぞくか、退《しりぞ》かずは斯《かく》の如し」と、刃《やいば》を当《あて》れば、忽地《たちまち》悩《なや》みの愈《いゆ》るもあり。また、其処《そのところ》を突貫《つきつらぬ》き、血《ち》を出して助《たすか》るあり。或《ある》［ママ］は、其処より黒気《こくき》たち、光《ひか》りを放《はな》ち散《さん》じたりなど、実《じつ》に不《ふ》思議《しぎ》の事ともなり。

○時節《じせつ》の*前表《ぜんひやう》

こゝは*高田《たかた》の馬場《ばゝ》辺《へん》に、去《さ》る大諸侯《しよこう》の屋敷守《やしきもり》、森山丈助《もりやまじやうすけ》といふ人あり。此人、武事《ぶじ》には達《たつ》したれども、世事《せじ》に疎《うと》きと思はれたり。頃《ころ》しも五月の事なるが、或夕《あるゆふべ》、気分悪敷《きぶんあしく》、独身《ひとりみ》の心安《こゝろやす》さは、夜食《やしよく》も喰《くは》ず寝《いね》たるが、夜半《やはん》の頃に、「枕辺《まくらべ》に（二十一ウ）誰《たれ》やら座《ざ》する」と夢《ゆめ》を見《み》て、覚《さむ》れば夢《ゆめ》にあらずして、図《づ》に顕《あら》はせるごとくなれ。不審《ふしん》に思《おも》ひ尋《たづぬ》れば、「我《われ》は厄神《やくじん》の王《わう》なるが、四、五日宿《やど》りを仮《か》［貸］せよ」といふ。「這《こ》は迷惑《めいわく》の所望《しよもう》かな。吾《われ》、独住《ひとりみ》の事なれば、一日病《やみ》ても難渋《なんじう》なり。疾立出《とくたちいで》よ」

前表…予兆。

高田の馬場…現在の東京都新宿区高田馬場。屋敷守は下屋敷の管理人、森山丈助については未詳。

と叱《しつ》したれば、彼《か》の老人《らうじん》は微笑《ほゝゑみ》つ。「いやとよ、貴辺《ごへん》は悩《なやま》さじ。宿《やど》だに仮《か》〔貸〕して給はらば、外《ほか》に厄介《やくかい》なるまじ」といふゆへ、「さらば、彼処《かしこ》の一ト間《ま》に入《いり》て休足《きうそく》あれかし」と諾《ゆる》せば、門辺《かどべ》を差招《さしまね》くに、いと賎《いや》しげな老幼男女《らうえうなんによ》、ぞろ〳〵一ト間《ま》へ入《いり》たりと見しは、幼《まぼろし》〔幻〕夢現《ゆめうつゝ》。老人《らうじん》、やがて礼《いや》をなし、「渠等《かれら》は、僉々《みな〳〵》我眷属《わがけんぞく》。宿《やど》りの礼《れい》には斯《かく》こそ」と、図《づ》のごとく端書《はがき》を教《おし》へ、「是《これ》を門戸《かどべ》に張置《はりおけ》ば、我《わ》か徒《と》一人《ひとり》も這入《はいる》まじ。若《もし》や入《いり》たる家《いへ》あらば、此札《このふだ》をもて身内《みうち》を撫《なで》、其病人《そのやむひと》の床《とこ》の下《した》へ敷《しき》て置《おき》なば、命《めい》を欠《かゝ》ず。又《また》、薬方《やくはう》を伝授《でんじゆ》なして、必《かな》らず此年秋《このとしあき》（二十二オ）〔挿絵二十二ウ・二十三オ〕に至《いた》り、多《おほ》くの人《ひと》を助《たす》けよ」と、伝《つた》へ終《をは》りて一《ひ》ト間《ま》に入《いり》しが、翌日《よくじつ》、其処《そこ》の一ト間《ま》に物《もの》なく、自己《おのれ》も昨夕《ゆふべ》の悩《なや》みに似《に》ず、最快《いとこゝろよ》く起《おき》たれば、例《いつも》のごとくに庭《には》へ出《い》づ。*中間《ちうげん》共は是《これ》を見《み》て、「昨日《きのふ》の熱《ねつ》の様《さま》にては、斯速《かくすみやか》に出勤《しゆつきん》は在《おは》すまじいと思《おも》ひし」など語《かた》るに付《つき》て、「厄神《やくじん》か宿《やど》りを仮《かり》〔借〕に来《きた》りし」と話《はな》せば、*下部《けぶ》も半真半疑《はんしんはんぎ》、自己《おのれ》も一つの疑《うたが》ひあり。且安房《かつあはう》らしと恥《はぢ》らいて、其後《そのご》は人《ひと》に話《はな》しもせず。六月も過《すぎ》、七月初旬《しよじゆん》、*築地《つきぢ》に甥《おい》の奉公《ほうこう》せる屋敷《やしき》へ用《よう》あり。趣《おもむ》〔赴〕

中間…武家の奉公人。
下部…しもべ。
築地…現在の東京都中央区。尾張徳川家と一橋家の屋敷があった。

〔挿絵二十二ウ二十三オ〕

67　　一　仮名垣魯文『安政箇労痢流行記』

きたるが、彼家敷《かのやしき》な□〔る〕□〔足《あし》〕軽頭《かるがしら》、跡追来《あとおひきた》り、「此《こ》〔ママ〕六月、甥君《おいご》に話《はな》しの有《あり》しと聞《きく》、厄神除《やくじんよけ》の札二枚《ふだにまい》、且伝方《かつでんぼう》の丸薬《ぐわんやく》を製《せい》して与《あた》へ給はらずや。今《いま》、我部屋《わかへや》に熱病《ねつびやう》にて最悩《いとなや》める者両人《ものりやうにん》あり」と、強《しひ》て乞《こは》れて黙止《もだし》がたく、甥《おい》が宅《たく》にて是《これ》を拵《こしら》へ与《あた》へたりしが、其翌日《そのあす》より病人食気《びやうにんしよくき》を催《もよふ》（二十三ウ）して、速《とみ》に全快《ぜんくわい》なせしとなり。是《これ》、彼《か》の甥《おい》が、六月中土《ちうど》用《よう》、見舞《みまい》に来《きた》りし時《とき》、夢物語《ゆめものがたり》を成《な》したるを伝《つた》へ聞《きゝ》たるものとなん。夫《それ》よりは、彼《か》の屋敷《やしき》にて大《おほ》きに札《ふだ》を珍重《ちんちやう》し、「我《われ》も〳〵」と乞受《こひうく》る中《なか》に、一人酒狂者《いちにんしゆきやうじや》あり。大《おほ》きに是《これ》を悪口《あくこう》せしが、その夜《よ》に病付《やみつき》、死《し》したるよし。其外《そのほか》、不思議《ふしぎ》の験《しるし》ありて、札《ふだ》を乞《こう》もの多《おほ》きよし。又《また》、奇《き》とするは、老人《らうじん》の言葉《ことば》、「此秋流行《このあきはやる》」といひしより、札《ふだ》の名当《なあて》の邪《じや》といふ文字《もじ》にて、*例《れい》の熱病《ねつびやう》ならぬを察《さつ》しぬ。（二十四オ）〔挿絵二十四オ〕

安政五戊午年五月廿五日の夜の約定を忘た乎 邪神王　　　　　　　　定保

指形べに也。

例の熱病…【医】文脈としてはコレラを指しているように読み取れるが、コレラには発熱症状がないため、何を指しているのか不明。

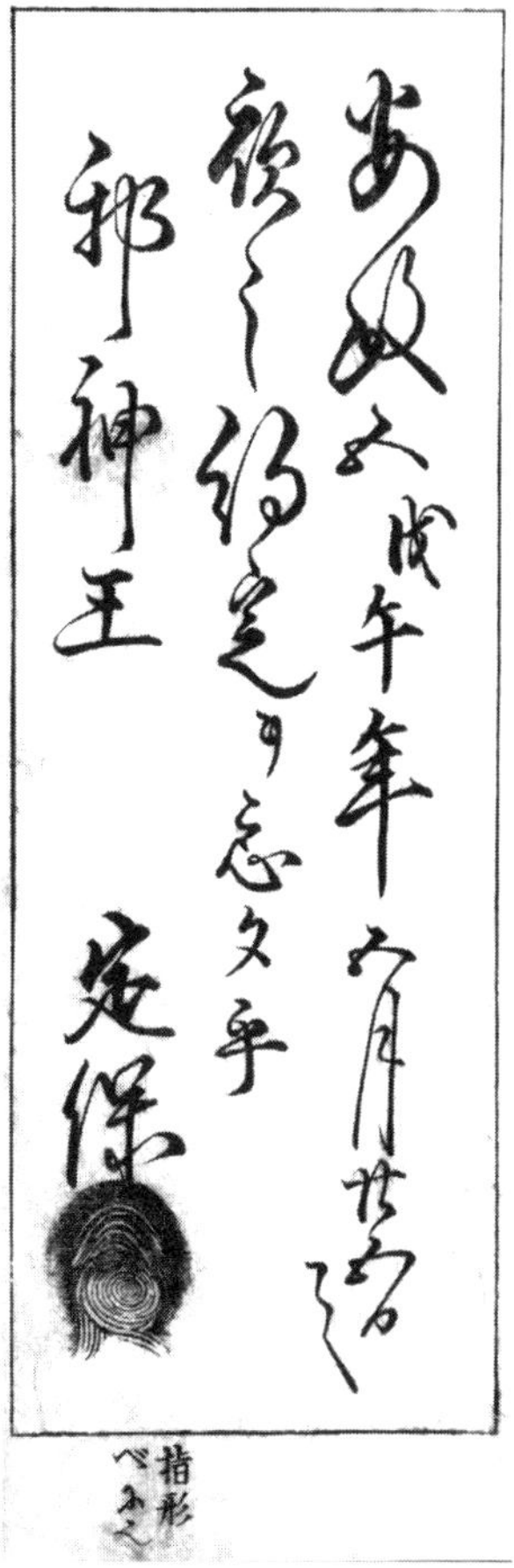

〔挿絵二十四オ〕

白沢の図…本書四〈解説2〉佐々木聡「大尾に置かれた白沢図とその意味」を参照。

白沢*の図

毎夜《よごと》このゑを枕《まくら》にそへて臥《ふ》すときは、凶《あしき》ゆめをみず。
もろ〳〵の邪気《じやき》をさくるなり。

おろか
神《かみ》たちが世話《わ》をやく病《びやう》このすへはもうなかとみの
はらひきよめて

亍時安政五
戊午季秋九月　天寿堂蔵梓　実　（二十四ウ）

〔挿絵二十四ウ〕

〔挿絵二十四ウ〕

【書誌情報】

安政／箇労痢流行記、K,1、災異、金屯道人（仮名垣／魯文）編、安政五、21,1234

書誌URL：http://dbrec.nijl.ac.jp/KTG_B_200016640

書誌ID 200016640

記載書名　安政／箇勞痢流行記（あんせい／ころりりゅうこうき）、内頃痢流行記（ころりりゅうこうき）、外転寝の遊目（ころびねのゆめ）、序首

刊写の別　刊

出版事項　天壽堂、安政5

形態　24丁、25・0×16・6cm、半、1冊

書誌注記　〈形〉表紙剥がれ、題簽破損、虫損あり。〈般〉「茶毘室／混雑の図」多色刷絵あり。

所蔵者　国文学研究資料館、和古書

和古書請求記号　ヤ7—93

二　『安政箇労痢流行記《あんせいころりりゅうこうき》』現代語訳

（訳＝門脇大）

はじめに(1)——コロリ寝の夢（転寝の遊目序）

(2)『正享間記《しょうきょうかんき》』という書物には、次のように記されている。「(3)正徳《しょうとく》六年の真夏、世の中に熱病が大流行して、大江戸の町々で病死する者が一ヶ月の間に八万人を超えた。棺桶を作る暇もなくて、酒の空き樽を買って遺体を収めて寺々に送り、埋葬した。墓地にも（棺桶を）埋める余地がなかったので、宗派に関わらず火葬でなければ受け入れなかった。このような状況であったために、誰も彼も火葬場に送ったところ、棺桶を数限りなく積み重ねて、半月過ぎても遺体を焼くことができなかった。火葬の順番を待つと日数をずいぶん経てしまって、貧しい者の遺体はどうしようもなかった。その地域の長《おさ》の手にも負えず、ついには奉行所に訴え申し上げたところ、たいへんありがたい下命を賜った。そして、その下命をすみやかに各寺院に通達して、埋葬することが難しい者たちは、供養した後にむしろに包んで船に乗せて、品川沖に沈めて水葬にさせなさった」と記されている。

かつてこのような次第であってみれば、このたびの流行病で数多くの人々が亡くなる様子も、その時（正徳六年の熱病流行）の事態に似通っている。昔を現在と比べて、今もいずれは昔となるのであるから、話の種にでもしようと思ったことを、筆まめな人が書き記した老婆心をむげに見捨てること

郵便はがき

料金受取人払郵便

小石川局承認

6032

差出有効期間
2022年9月25日
まで

112-8790

105

（受取人）
文京区関口1―29―6
松崎ビル202

白澤社 行

この度はご購読ありがとうございました。下記にご記入いただきました情報は、小社刊行物のご案内や出版企画の参考以外の目的では利用いたしません。

ご購入書名		
お名前	ご職業／学校	年齢　　歳
ご住所　〒		
電話番号	E-mail	

この本をお求めの動機は?　ご覧になった新聞、雑誌名もお書き添え下さい。

1.広告をみて　2.書評をみて　3.書店で　4.人の紹介で　5.その他

よく読む新聞・雑誌名は?

新聞：　　雑誌：

●読者通信

書名

◆本書へのご感想・ご意見をお聞かせください。

◆本書タイトル、装幀などへのご意見をお聞かせください。

※ご記入いただきましたご感想・ご意見等を当社ブログ等で
1.掲載してよい　2.掲載しては困る　3.匿名ならよい

●ご注文書

当社刊行図書のご注文にご利用ください。ご指定の書店へまたは、直接お送りいたします。直送の場合は送料実費がかかります。

白澤社 発行／現代書館 発売	
書名	冊数

お届先:お名前	電話番号
ご住所	

ご指定書店	取次店番線（小社で記入します）
所在地	
TEL	

も本意ではなく、一つのうろ覚えをもって、（本書の）序にかえるものである。

安政《あんせい》(4)五年の秋九月八日、古き庵《いおり》(5)に住む、紀おろか(6)記す。

白梅道人筆(7)〔挿絵序二ウ〕

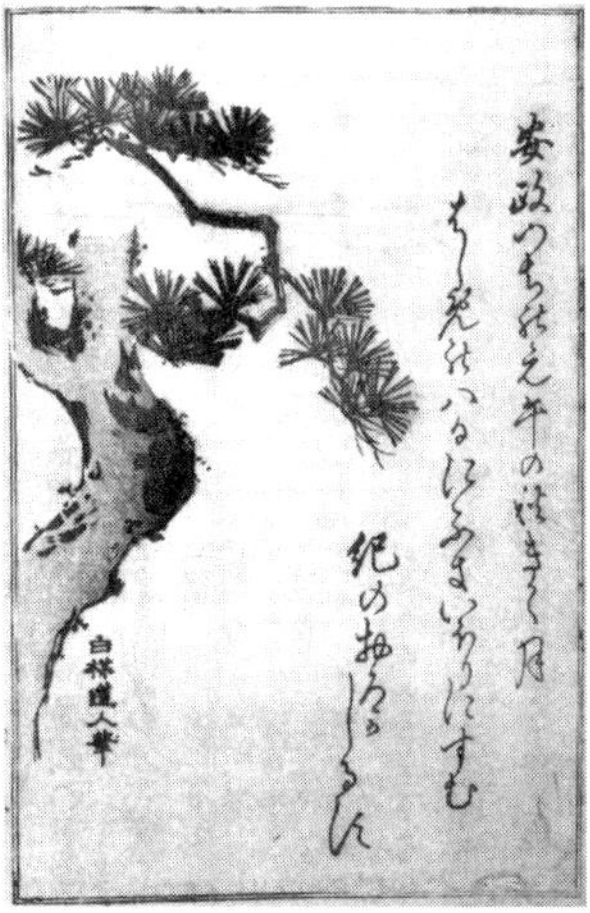

〔挿絵序二ウ〕

〈注〉

（1）現代語訳の見出しは内容を示す意訳を用いた。底本にはなく新たに追加したものが多い。いずれも丸カッコ内に原文の冒頭の語句を示し対照できるようにした。

（2）『正享間記』…題名から正徳年間（一七一一－一七一六）から享保（一七一六－一七三六）のころまでの出来事を記録した書籍と思われるが実在は確認されていない。あるいは『元正間記』に倣った書名か。

（3）正徳六年の真夏…第七代将軍徳川家継が夭折し、徳川吉宗が第八代将軍に就任。

【医】享保元年（一七一六、正徳六年と同年）夏、熱病が大流行し、一ヶ月で八万人以上の死者を出した。後に赤痢か疫痢であった可能性が高いと推定されるが詳細は不明。

（4）安政五年…一八五七年。五月、蘭方医の伊東玄朴・大槻俊斎・杉田玄端・手塚良仙らにより江戸・神田にお玉が池種痘所開設。六月、幕府は日米修好通商条約に調印。七月、十三代将軍家定没。大老井伊直弼による安政の大獄始まる。九月、日仏修好通商条約調印。
(5)古き庵…原文には「ふきいほり」とあるが「ふるきいほり」の誤記と解した。
(6)紀おろか…作者自身のことと思われる。
(7)白梅道人…挿絵のそばに署名があることから、絵師のことだと思われる。

コロリ流行下の江戸(安政箇労痢流行記概略)

紅花《こうか》[(1)]は風に散り、黄葉《こうよう》は霜に色あせる。勢いのあるものが衰えることはこの世のならいであって、自然なことである。そのような中にあって、無常の風に誘われて若者が老人に先立つこともまた宿命であって、生死は決して推しはかることができない。そうではあっても、近頃広まっている流行病で命を落とすのは、凡俗の心には、やはり天命だとは思われない。今年、安政五年六月下旬に東海道筋[(2)]から流行りはじめて、近国一帯に広まって、この病に侵されて生き延びた者はたいそうまれである。遠くの土地のことはわからない。しかし、私の友人が実際に見聞した土地の様子を述べよう。

江戸では七月上旬に赤坂[(3)]あたりから(この病気の流行は)始まり、霊岸島《れいがんじま》あたりにも罹患者《りかん》が多くいて、幾日も経ずに各地に広がった。八月上旬から中旬にいたっては、この病気はますます勢いを増して、死者は多いところで一町に百余人、少ないところで五、六十人もいた。葬式の棺桶が大通りにも小路にも続々と並び、昼となく夜となく途絶えることがなかった。江戸市中の数万の寺院はどこも門前に市をなして、火葬場の棺桶は隙間がないほど積み並べて山をなした。日暮れに遺体を焼く火葬場の者も、翌朝には自らが火葬されて煙となった。また、墓石に死者の名を刻む石屋も、たちまち自分の名前を五輪塔に遺した。このような話は、いちいち挙げているときりがない。

博識の者たちが漢籍や本邦の史書をひもといても、いまだにこうした事例を見出せない。名だたる医師の診察でも病原をたしかに知ることはできず、いたずらに首をかしげて、手をこまぬいて死を待つのみであって、どうしようもない。たまたま芳香散《ほうこうさん》(4)のような処方や、オランダのシーボルト(5)の経験による処置などといった、救急の対処法を知り得ても、発症するとすぐに死んでしまう。そのため、その治療法を用いる時間がなくて、回復する機会を失ってしまう。このために、民間では病名を「狐《こ》(6)狸《ろり》」とあだ名をつけて、根も葉もない風説を広める。流行病を妖怪変化のせいにしたり、水の毒によるものとしたり、魚の毒によるものだとする。このために、江戸市中の人々は、皆が水源は清らかな玉川の水を汲むことがなく、盤の上で踊るような鮮魚も食べない。

（江戸の人々は）貴賤を問わず、日夜この病気に侵されるかもしれないと気に病んで、門戸には神々の守り札を貼り、八つ手(7)の葉をぶら下げる。また、町ごとに鎮守の神輿《みこし》を担ぎ出し、獅子頭を舞わせ、御幣《ごへい》をふりまわして、軒並み各家を祓い清める。これらは、このような年は早々に過ぎ去るべきだと思っての行ないであろうか。門前(8)に松と竹を飾り立てて、しめ縄を引き巡らせたり、煎り豆をまく家もあれば、「厄払いをする」と言って訪ねて来る者もある。その様子は、祇園会《ぎおんえ》と年越しとを一緒にしたような気がするほどである。これこそ未曽有《みぞう》の珍事であって、かつてない不思議なできごとであるから、実際に目の当たりにした顛末《てんまつ》を以下に記す。さらに、神仏のご加護、霊薬の効き目をも記録して、後の患いがないように備えると、(9)金屯道人《きんとんどうじん》(作者)が申し上げる。

〈注〉

(1)紅花…秋の黄葉と対比されていることから、春の風に散る花(梅か桜)が想像される。ベニバナは夏の花。

(2)東海道筋…『武江年表』に「東海道中駿河の辺よりはやり来りしと云ふ」とある(『武江年表2』平凡社東洋文庫、安政五年八月の項より)。

(3)赤坂…赤坂は現在の東京都港区赤坂、霊岸島は現在の東京都中央区新川のあたり。『武江年表』には「芝の海辺、鉄砲洲、佃島、霊厳島の畔に始まり、家毎にこの病痾に罹らざるはなし」と海岸沿いの地域から感染が広まったとしている。

(4)芳香散…【医】原料はシナモンとショウガ。本コレラ流行に際し、幕府により治療薬として推奨された。蘭方の奥医師、伊東玄朴らにより提案された処方である。

(5)シーボルト…【医】フィリップ・フランツ・バルタザール・フォン・シーボルト(一七九六―一八六六)、ドイツの医者、博物学者。一八二三(文政六)年八月来日。長崎出島のオランダ商館に医師として勤務。長崎郊外鳴滝に鳴滝塾(学塾兼診療所)を開設。美馬順三、岡研介、二宮敬作、高野長英、伊東玄朴、石井宗謙、伊藤圭介ら多数の日本人を蘭学者として育成した。一八二八年、帰国に際し日本地図を持ち出そうとし、出国停止処分を受けたのち国外追放となる(シーボルト事件)。日本開国後、一八五九年にオランダ貿易会社顧問として再来日した。

（6）「狐狼狸」…コロリという名はかつてからあり、必ずしもコレラのことだけを指すものではなかった。詳しくは本書所収の三〈解説1〉今井論文「コロリ表象と怪異」を参照されたい。

（7）八つ手の葉…『武江年表』には「何人が云ひ出しけむ、道中にて天狗の示現を得て、疫神を攘ふの厭勝（まじない）なりとて、羽団扇といふものに紛ふ為に、八ツ手といへる木の葉を軒に釣るべしといふ妄言にならひて、これらの事も行はれたり」と、ヤツデの葉が天狗の持つ羽団扇に似ていることにちなんだとある。

（8）門前に松と竹…正月の門松、節分の豆まき。『武江年表』にも「節分の夜の如く豆をまき、門松を立けるも有りし……」とある。門松にも豆まきにも魔除けの意味がある。

（9）金屯道人…作者・仮名垣魯文のこと。仮名垣魯文（一八二九–九四）は幕末から明治期にかけて活躍した戯作者。文政十二年に江戸京橋に生まれ、安政大地震（一八五五）を取材した『安政見聞誌』、安政三年に江戸を襲った台風被害を取材した『安政風聞集』が評判を呼び、この『安政箇労痢流行記』も企画されたものと思われる。明治維新後は『西洋道中膝栗毛』『安愚楽鍋』など世相風俗を風刺した作品を発表。また新聞『仮名読新聞』、雑誌『魯文珍報』などを創刊、ジャーナリストとしても活躍した。

オランダ医師ポンペによる勧告（於出島千八百五十八年第七月十三日）

(1)出島《でじま》の暦（西洋の暦）では、一八五八年七月十三日（日本では、安政五年五月）。

この二、三日のうちに、出島も市中も、突然下痢になり、後に嘔吐する者がありました。このような症状の者が、すでに昨日十二日には一時に三十人に上りました。はたまた、アメリカ蒸気船[2]ミシシッピー号においても、このような腹の病の者が多数出ました。このことから、この病気の原因はきっと流行のものと考えられます。この病気は、外国でも最近頻繁に発生しております。

一、隣国の中国でも、各地の街や海岸には、コレラアシアテイス（病名）が流行しています。このために、日々多くの死者が出ているそうです。これによって、出島におりますヨーロッパ人たちについては、この下痢がことのほか症状を変じて、本当[3]のコレラにならぬように、感染予防を行なうべきです。このような状況では、本当にコレラを発症するでしょう。この病気の害となる食物は、確かにあります。その食物[4]類を禁止して、保養の方法を示しておきましょう。

第一　キュウリ

第二　スイカ

第三　スモモ、アンズ、モモ

右の二品（キュウリとスイカ）は、決して下痢の患者が食べてはならないものです。第三の品（スモモ、アンズ、モモ）は、日本で食されているような熟していない果物、これはあきらかに害になります。

一、ヨーロッパ諸国やその他の国々において、このような病気が発生した場合は、この病気の拡大を防ぐために、その国民の害になる食料を告知します。そして、もちろん売買の禁止は必ず行ないます。このようなことを行なうことこそ、オランダ政府の医師の役目です。かつまた、日本人については、前記の養生法一通りを示すことは、あえて申し上げることではございません。
第一　キュウリ、スイカ、熟していないアンズ、スモモなどを食べることは、厳禁であること。
第二　人々は、裸で必ず夜気に触れないように心がけよ。夜は、決して衣類を身につけずに寝ないこと。
第三　昼間に暑気に触れて、あまり気疲れのする仕事をしないこと。
第四　諸々のだらしのない行為、特に酒を飲みすぎることは最も害となること。
第五　もし下痢の症状が出たら、すぐに治療をして、時間をおかないこと。
右のように申し上げる次第で、私どもを襲う危険な敵であるコレラを除去します。ご賢慮くださいますよう。

オランダ海軍所属第二医官
長崎海軍伝習所医学教官
ヨンケール・ポンペ＝ファン＝メーデルフォールト(5)

この写しは、長崎出島のオランダ人が奉行所へ提出した文書の日本語訳である。決して日本だけでこの病気が流行しているのではないことを示すために、ここに記す。世界で流行している病気であることは明らかである。

〈注〉

（1）出島…現在の長崎県出島に設けられた外国人居留地。
（2）ミシシッピー号…日本に通商条約締結を求めて米国のペリー提督が率いて来日した艦隊の蒸気船。いわゆる黒船。船員にコレラ感染者がいた。
（3）本当のコレラ…【医】原文では「実真のコレラ病」、重症化したコレラのこと。
（4）食物類を禁止…【医】コレラの主症状には下痢・嘔吐と手足厥冷（強い冷え症状）などがあり、直接の死亡原因は下痢・嘔吐による脱水症状である。胡瓜、西瓜には利尿作用、それにともなう清熱作用があるため禁止されたと推測される。また、未熟な李や杏子、桃にはアミグダリンという毒素が含まれるため同様に禁じられたのであろう。
（5）ヨンケール・ポンペ…原文に「ウヱイヱル」とあるのは貴族の称号「ヨンケール」の音写と解した。【医】ヨハネス・レイディウス・カタリヌス・ポンペ・ファン・メーデルフォールト（一八二九―一九〇八）は、オランダ海軍の軍医、日本ではポンペとして知られる。ポンペは一八五七（安政四）年来日。医学伝習所で教授としてオランダ医学を基礎から教えた。一八五八（安政五）年、コレラ流行に際し、日本初の西洋式近代病院、長崎養生所の設置を進言（一八六一年開院、長崎大学医学部前身）。一八六二（文久二）年まで日本に滞在し、オランダ帰国後は開業した。

幕府による予防法・治療法の広報（御触書之写）

近頃流行のコレラは、その治療法が多々あるようだが、それらの中で素人が心得ておくべき方法を示す。この病気を予防するには、とにかく身体を冷やさずに、腹に木綿を巻いて、大酒大食を慎み、その他に消化の悪い食物をいっさい食べてはならない。もし、この病気の症状が出たら、寝室に入って飲食を慎み、全身を温めて、次に記す「芳香散」という薬を用いるとよい。(1)これだけで治癒する者が少なくない。かつまた、嘔吐が激しくて全身が冷えるほどになった者は、焼酎一、二合に龍脳《りゅうのう》(2)か樟脳《しょうのう》を一、二匁《もんめ》入れて温め、木綿の布切れに浸して腹および手足へ静かにすり込み、芥子泥(3)をみぞおち・腹・手足へ小半時ほどずつ貼るとよい。

　芳香散　　上質の桂枝《けいし》(4)の粉末、益智《やくち》(5)の粉末、乾姜《かんきょう》(6)の粉末、それぞれ同じ量。

右の材料を調合して、一、二杯ずつ時々用いるとよい。

　カラシ泥粉、うどん粉、それぞれ同じ量。

右の材料を温めた酢で堅く練り、木綿の布切れに伸ばして貼ること。ただし、材料が揃わない時は、熱湯でカラシ泥だけを練ってもよい。

他の治療法(7)

　熱い茶に、その三分の一の焼酎を加えて、砂糖を少し加えて用いるとよい。ただし、病人のいる座敷を締め切って、木綿の布切れに焼酎を付けて、しきりに全身を摩擦するとよい。

　ただし、手足の先および腹が冷える所を、温鉄《おんてつ》か温石《おんじゃく》を布に包み、風呂に入ったような気分になるほど摩擦してもよい。

以上は、近頃の流行病がはなはだしく、人々が難儀しているために、その症状にかかわらず、すぐに用いて害[8]のない処方である。人々の心得のために、速やかに通告すること。

〈注〉

（1）これだけで治癒する…【医】コレラかそれ以外の疾患かの鑑別が正確ではないため、芳香散が実際にコレラに効果があったかどうかは不明。

（2）龍脳か樟脳…【医】竜（龍）脳はフタバガキ科のリュウノウジュの樹脂を加工し結晶化させたもの。樟脳に似た芳香をもつ。気付け薬として用いられることもある。樟脳はクスノキ科クスノキの葉や枝などを蒸留精製して作られる揮発性の結晶。血行促進、鎮痛、消炎、鎮痒作用などがある。外用薬の成分として用いられる。一匁はおよそ三・七五グラム。

（3）芥子泥…【医】練り辛子。ここではカラシ湿布が推奨されている。カラシ湿布には体表部の血液循環を促進する作用があるため、手足厥冷（低体温症状）の改善を目標として推奨されたと考えられる。

（4）桂枝…【医】漢方で用いられる生薬。クスノキ科ニッケイ属のシナニッケイや、その他同属植物の若枝を乾燥したもの。芳香性健胃、発汗、解熱、整腸などの効果がある。シナモンは同植物の内樹皮から作られる。

（5）益智…【医】生薬の一種。ショウガ科ハナミョウガ属ヤクチの成熟果実。芳香性健胃、整腸作用がある。

（6）乾姜…【医】生薬の一種。ショウガ科のショウガの根茎を乾燥したもの。芳香辛味性健胃、温中散寒（身体を内側から温める）などの作用がある。お腹が冷えて痛む、不消化下痢、嘔吐などの症状にも用いられる。

（7）他の治療法…【医】カラシ湿布も含め、ここで述べられている処置は全て身体を温めるためのものである。コレラによる厥冷（低体温症状）改善を図ったのであろう。

（8）害のない処方…【医】芳香散の構成生薬はシナモンとショウガなので害はない。それ以外の治療法は血液循環を改善する治療なので特に問題はないと思われる。ただし、芥子泥については刺激が強いため、饂飩粉がないと皮膚炎を起こす可能性がある。

奉行所からの通達（午八月）

千住《せんじゅ》(1)小塚原《こづかはら》のあたりは、このたびの流行病による死者(2)が多かったために、火葬の係もその埋葬に手が回らなかった。そのため、数日遺体をそのままにしておいて、腐敗臭が立ちこめた。下谷や浅草のあたりは、特別に困惑している様子で、夜間はなおさら臭気が激しかった。この様子では、この臭気にふれた者たちが疫病(3)や熱病などの病気を発症するだろうと、医者たちがこの頃心配している。このような状況であるため、しばらくの間は仮埋葬としておくか、または他に手段があるか。よくよく考慮して、先に述べたような状況（疫病や熱病などの病気を発症するような状況）に至らないように、しっかりとその筋へ通達するべきである。

以上のように、寺社奉行から関係者へ通達したので、町民たちはこのことを心得て葬儀を取り計らうように、ここに通達する。

午(4)八月

近頃の流行病で死亡したものが多く、江戸市中の皆が恐怖のあまり、なかには祈祷を唱えて、手慰みの神輿(5)や獅子頭などを用いて、夜中に町内を持ち歩くような者がいる。これらは、つまるところ邪気除けと考えた軽率な者たちの心得違いである。このようなことは、行なってはならないともいい難い。おとなしく祈祷などをするのは別として、多人数が集まるのは、普段とは違うこの時節柄であるから、火の用心はもちろんのこと、すべての騒々しい行ないをしないよう、以前から通達しておいたので慎むように。以上のことは、心得違いがあってはならない。まったく風説に過ぎないと承知してはいるけれども、（家定公の）服喪の期間中に、万が一にも心得違いの者がいた時には、当人はもちろんのこと、町役人(6)たちまで必ずや沙汰に及ぶだろう。その旨は、町中にもれなく告げ知らせるべきことである。

〈注〉

（1）千住小塚原…現在の東京都荒川区南千住。刑場があったことでも知られるが、火葬場があった。
（2）死者が多かったために…底本には「死人おんぼう数多の事故」とあるが、文脈からこのように解した。
（3）疫病や熱病など…原文では「疫癘敗熱等」。

【医】疫癘は疫病のこと、敗熱は消耗性の熱性疾患のこと。

（4）午八月…同じ見出しが続くのは、同右の意か、不明。

（5）神輿や獅子頭…『武江年表』には「偖、此の虚にや乗じけむ、狐惑の患もあり。此等の妖孽を攘ふ為とて、鎮守祠の神輿獅子頭を街頭にわたし（此の頃幕府の御他界によりて、鳴物停止ありし時なれば、弦歌鼓吹閭閻に絶え、市中も寂寥として物淋しく、夜中往来甚だ少し）、閭巷に斎竹を立て軒端には注連を引はへ、又は軒端に挑灯を燈しつらね、或ひは路上に三峰山遙拝の小祠を営みし所もあり。」とある。

（6）町役人…町奉行のもとで各町内の自治と行政事務を代行した町人。町年寄、町名主など。

棺桶の寄付、オサキ狐、死者の蘇生と医師の死、急死する感染者（午九月）

○近頃、(1)深川冨吉町《ふかがわとみよしちょう》の道具屋の何某が、流行病で死亡した貧困者で葬具を用意できない者たちに棺桶を施した。その棺桶は、毎日、四十五、六基ずつ提供した。これはまた、未曽有の功徳ではなかろうか。

○この八月中旬、(2)佃島《つくだじま》の漁師の何某に、(3)野狐《やこ》がとりついたという。近所の者たちが駆け集まって、神官や修験者に祈祷を頼み、あれこれと責めたてた。そのかいがあったのか、狐はその者の体を抜け出して屋外へ逃げ去った。居あわせた人々は、逃げる狐を追いかけて捕まえ、即座に打ち殺した。そして、そうしたところ、そのあたりの有力者のはからいで、その狐の亡骸を焼き捨てて煙とした。そして、そのあたりに三尺四方の祠を建てて狐の霊を祀り、(4)尾崎《おさき》大明神と称して崇めたという。

○(5)京橋《きょうばし》南伝馬町《みなみでんまちょう》一丁目の桶屋何某の娘が、この病に侵されて嘔吐が激しく、死にそうな様子であった。このために両親はたいそう驚き慌てて、近所の町医者の横田何某に頼んで診察させた。その医者は娘を診察して脈をとって、「とても生き延びることは難しい。とはいえ、気休めの薬一帖を処方しよう」といって、薬を調合しているうちに、娘はもだえ苦しんで息絶えてしまった。

　こうなってしまったので、医者も仕方がなく、挨拶もそこそこに近くの家に帰った。すると、どうしたことか、たちまち腹が痛み、そのまま息絶えてしまった。医者の妻が驚き悲しんでいたところに、近所の人々が急いで集まって、あれこれと医者を介抱した。しかし、顔色が死相に変わって、少しの脈も通わなかった。

　ちょうどこの時、先ほどこの医者を招いた桶屋では、娘の遺体を納棺しようとするところであった。不思議なことに、この娘が茫然とした様子で生き返ったので、両親をはじめとして、居あわせた人々は再び驚くばかりであった。両親は、奇跡が起きたと、たいへんな喜びようであった。このことを医者の家に知らせると、「医者は、たったいま亡くなった」とのことであった。そのために再び驚き嘆いて、この病気の進行の速いことに舌を巻いた。

　それにしても不思議なのは、死んだと思った病人は蘇生して、病人を治療しようとした医者は急死したことである。両者の死と生とが同時であったのは、手のひらを返すよりも速やかである。このような次第で、娘が入ろうとした棺は不用になったということで医者のもとに送り届けて、そちらで入り用になったのも、何かの因縁だと思われた。

○湯嶋三組町《(6)ゆしまみくみちょう》の魚屋何某の妻は、店に出て品物を売って銭を受け取ろうとしたところ、そのまま倒れてしまった。小半時の間は嘔吐が激しく、喉のあたりにふくらんだ物ができて、はなはだ苦しんだ。ついに、発症からあまり時間をおかずに息絶えた。そして、彼女の喉にできた一物は口の中から黒い気体となって立ちのぼり、消え失せたのも不思議なことである。

〈注〉

(1)深川冨吉町…現在の東京都江東区永代一丁目のあたり。

(2)佃島…隅田川の河口にあった島。現在は埋め立てられて東京都中央区佃一丁目～三丁目となっている。

(3)野狐…ここでは野生動物のキツネのことではなく、神社などで祀られていない神霊としての狐。『武江年表』に「此の虚にや乗じけむ、狐惑の患もあり」とある(一六七頁下)。

(4)尾崎大明神…関東では人にとり憑く狐をオサキ狐と呼ぶことがある。現在の中央区佃一‐八‐四にある於咲稲荷波除稲荷神社がこれにあたるか。

(5)京橋南伝馬町一丁目…現在の東京都中央区京橋一丁目と中央通りを挟んで八重洲二丁目のあたり。通りに面した側が南伝馬町一丁目で大店が軒を並べていた。南伝馬町一丁目の八重洲側は桶町一丁目で桶屋が集められていた。南伝馬町は運送業者が集められていたので、荷物を運ぶ容器としての桶・樽も需要があった。

(6)湯嶋三組町…現在の東京都文京区湯島三丁目。三組坂に名が残る。

普及した予防法・治療法（流行時疫　異国名コレラ）

流行病　異国名コレラ

一、薄い羅紗《らしゃ》、または木綿、あるいは、モンパの類で、昼夜とも腹を二重ほど巻いておくとよい。

一、桶に湯を入れて、カラシの粉を五勺ほどその中に加えて、時々両足の三里《(1)さんり》のあたりまで浸すとよい。

一、家の中に何でも火を焚いて、湿気(2)を除くとよい。

一、一切の果物を多く食べてはならない。

同じく治療法

一、この病に罹ったとわかったら、熱い茶の中へ、その茶の三分の一の焼酎を入れて、砂糖少しを加えて飲むとよい。また、座敷を閉め切って風に当たらないようにして、そのうえ羅紗の布切れ、またはモンパに焼酎をつけて全身を残らず摩擦するとよい。

この一枚は、ある殿様が印刷させて世に施しなさったものを、また各家でも書き写して、広く行き渡ったものである。そのおかげであろうか、この処方で助かった者がたいへん多かったということである。

ただし、手足、または腹などによく注意を払って、冷える所があれば温鉄《おんてつ》か温石《おんじゃく》を温めて木綿布に包み、風呂に入ったような気分になるまで摩擦するとよい。

安政五年八月　　施印

〈注〉

（1）三里…【医】経穴の足三里。膝下三寸、前脛骨筋上に取る。養生の灸によく用いられた。

（2）湿気を除くとよい…【医】東洋医学では風・暑・湿・燥・寒・火（六淫、外邪）という季節・環境の影響も病の原因と考える。湿邪は下痢の原因となるため、湿気を除くよう奨めている。

混雑する火葬場（余が知己なる何某、当八月中旬…）

○筆者の知人の何某は、この八月中旬に、このたびの流行病で亡くなった者のために、小塚原の火葬場に行った。その折に、火葬を行なう者から次のような話を聞いた。〔挿絵十一ウ・十二オ〕

「去る七月十五日頃から、遺体を焼く窯も次第にいっぱいになって、火葬の数が多いことだと思っていました。しかし、思いのほかに、七月末にいたると少し減って、窯に余裕ができました。ところが、八月にいたると、四日から五、六日の間は、焼くことのできなかった遺体が二、三十体ずつも残って、十日過ぎから六百人ほども焼くことができませんでした。この調子では、今日から運ばれてきた遺体は九月二、三日頃でなければ骨揚げになりません。こうした次第なので、金銭をいくらお出しになっても、なかなかすぐに焼くことはできません」と語った。〔挿絵十二ウ・十三オ〕

その知人があたりを振り返ってみると、庭に積み上げた棺の数は限りなく、数えることもできない。はじめは大通りを通ったが、帰りは三ノ輪(1)あたりに用事があったため、火葬場の裏門を抜けようと、諸寺(2)の境内をうかがいながら通った。他の諸宗はそうでもないけれども、一向宗の火葬場は特に多くの棺を受け入れていた。しかし、置き場所がないために、往来の傍に積み上げて両側に充満していた。

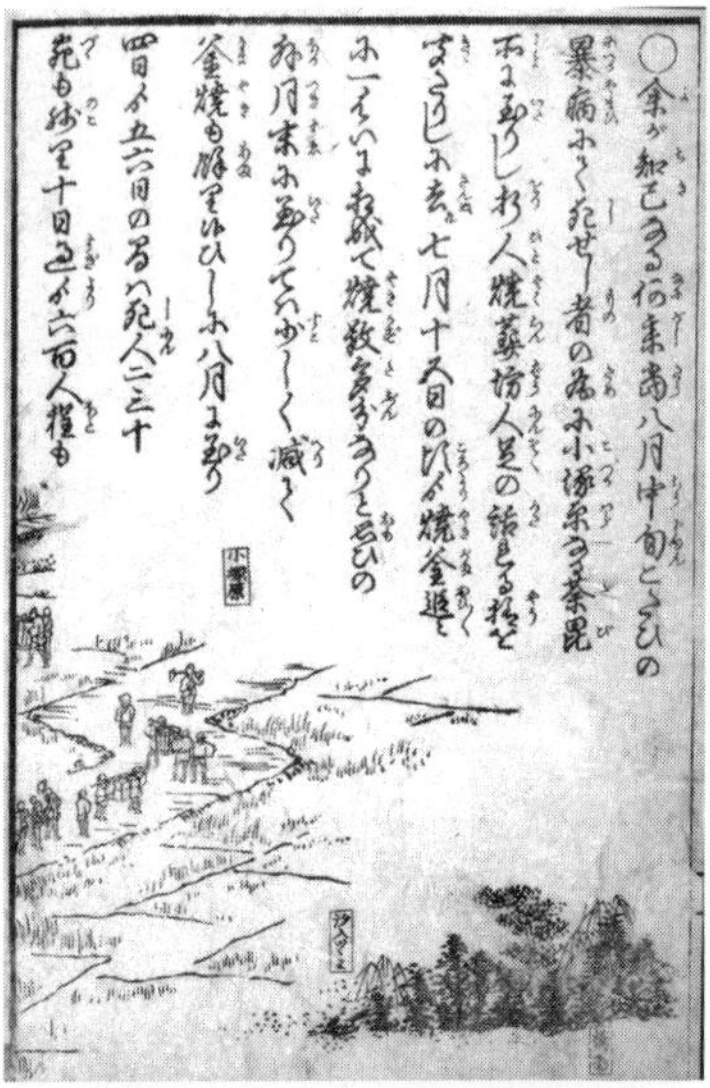
〔挿絵十一ウ・十二オ〕

〔挿絵十二ウ・十三オ〕

道幅は人が一人通れるだけの通路であるので、その臭いは強烈で、手拭いで顔の半ばを覆って足早に新町《しんまち》の通りに出た。すると、続々と火葬場に持ち運ぶ棺の数は、道に陸続と続いていた。(3)上野広小路《うえのひろこうじ》まで棺の数を数えてみたところ、わずか半時(4)の間に、道は半道(5)に満たない距離でありながら、火葬場に送る遺体と思われる棺の数だけで百七十三もあった。このような話を、知人は慨嘆のあまり私に語った。

〈注〉

(1)三輪…現在の東京都台東区三ノ輪。小塚原のあった南千住から近い。

（2）諸寺の境内…現在の東京都荒川区南千住の一画に、各宗派の火葬を行なう寺院が集められていた。
（3）上野広小路…現在の東京都台東区上野三丁目。現在は地下鉄東京メトロ銀座線の駅名に残る。
（4）半時…約一時間。
（5）半道…一里（約四キロメートル）の半分ほどの距離。三ノ輪から上野までがおよそ二キロメートルにあたる。

幕府による救援米支給（御府内四里四方…）

○御府内(1)四里四方、町数三千八百十八丁、それぞれ三十六丁一里で百六十八里十三丁である。このたび、コレラ流行のために死者が多く、これによって（幕府から）救援米が支給された。

○表店《おもてだな》(2) 八十五万十三軒
男　三百四十万十四人
一人あたり五合支給として、この
米高一万七十石七升。
女　百七十万二十八人
一人あたり三合支給として、この
米高五千百石八升四合。

○盲人　九千百十三人
○出家　七万百十人
○尼僧　三千九百九十人
○神主　八千九百八十人
○山伏　六千八百四十八人
合計、九万九千四十八人。この米
高四百九十五石二斗四升五合。

○ただし、医師ら長袖(3)の者、地借(4)、三才以下の者には支給されない。死亡者はもちろんである。
○貧民、男三十一万六千二十人
この米高一万五千八百一石。
○同、女子二十万七千五十六人
この米高八千百十六石八斗。

○裏店《うらだな》[5]九十二万五千二百二軒
　男　百十一万千百二十人
一人あたり五合支給として、この
米高五千百五十五石六斗。
　女　八十五万千二百八人
一人あたり三合支給として、この
米高二千五百五十三石三斗二升。

江戸の町人地に住む総人口は、合計七百十万千三百十八人である。
○今回の救援は、表店裏店に限らず、貧民[6]へのみ支給される。

右は救援米六万俵高であって、御割付で支給される。貧民の男女の御救米、すべての合計二万三千九百十七石八斗。四斗を相場として、この代金を計算すると、合計、金六万両である。

〈注〉

(1)御府内四里四方…江戸市中の広さを言い表す決まり文句。
(2)表店…通りに面した家。軒数、人数が正確な数字かは不明。
(3)長袖…医師、僧侶、神官、学者など。ここでは僧・神主らにも支給されているので主に医師を指すか。
(4)地借…土地を借りて住んでいるもの。借地人。
(5)裏店…表店の裏にある家。軒数、人数が正確な数字かは不明。
(6)貧民…『武江年表』に「九月より、町会所に於いて、市中其の日暮しの賤民へ白米を頒ち与へらる。米価登揚幷びに時疫行はれたるが故也。」とある(一六九頁上)。

著名人の死亡者リスト（流行の病をもつて身まかる人々…）

○流行の病によって亡くなった人々の中で、その名が世間に知られている人々を少しばかりここに記しておく。なお、貴賤の差別をしていないことは、ご容赦いただきたい。また、この中には他の病気で亡くなった人もいるかもしれない。

［一段］

書家　大竹蒋塘《おおたけしょうとう》（書道家、一八〇一―一八五八、三月一六日没）

同　市川米庵《いちかわべいあん》（書道家、一七七九―一八五八、七月一八日没）

俳諧　惺庵西馬《せいあんさいば》（志倉西馬、俳人、一八〇八―一八五八、八月一五日没）

同　福芝《ふくし》斎得蕪《さいとくぶ》（井上得蕪、俳人、生年不詳―一八五八、八月一二日没）

同　過《か》日庵祖郷《じつあんそごう》（祖郷はソキョウとも、俳人、生没年不詳）

狂歌　燕栗園《えんりつえん》（燕栗園千寿、狂歌師・出版人、一八〇四―一八五八、八月一七日没）

講談　一竜斎貞山《いちりゅうさいていざん》（現代まで続く講談師の名跡、初代貞山は一八五五没、二代目は一八七四没）

［二段］

作者　緑亭川柳《りょくていせんりゅう》（水谷緑亭、川柳作者、一七八七―一八五八、九月二二日没）

同　柳下亭種員《りゅうかていたねかず》（戯作者、『白縫譚』など。一八〇七―一八五八、八月二一日没）

画工　歌川国郷《うたがわくにさと》（歌川国貞門下の浮世絵師、生年不詳―一八五八）

角力　宝川石五郎《たからかわいしごろう》（力士、一八一六―一八五八、七月一八日没）

同　万力岩蔵《まんりきいわぞう》（力士、生没年不詳）

三弦　杵屋《きねや》六左《ろくざ》ヱ《え》門《もん》（長唄三味線方の十代目、一八〇〇―一八五八、八月一六日没）

同　鶴沢才治《つるざわさいじ》（浄瑠璃三味線方、一八一六―一八五八、八月一〇日没）

［三段］

画師　菁々《せいせい》所其一《きいつ》（鈴木其一、琳派の画家、一七九五―一八五八、九月一〇日没）

作者　楽亭西馬《らくていさいば》（戯作者、一七九九―一八五八、八月一四日没）

太夫　清元延寿《きよもとえんじゅ》（浄瑠璃清元節家元の三世、一八二二―一八五八、八月一〇日没）

同　清元染太《きよもとそめだ》夫《ゆう》（清元節の演奏家、不詳）

同　清元鳴海《きよもとなるみ》太《だ》夫《ゆう》（清元節の演奏家、不詳）

同　清元秀太《きよもとひでだ》夫《ゆう》（清元節の演奏家、不詳）

同　都《みやこ》与佐太夫（浄瑠璃一中節の演奏家か？　不詳）

［四段］

役者　松本虎五《まつもととらご》郎《ろう》（歌舞伎役者、不詳）

同　尾上《おのえ》橋之《はしの》助《すけ》（歌舞伎役者、不詳）

同　嵐小六（歌舞伎役者、五代目、生年不詳―一八五八）
同　嵐岡六（歌舞伎役者、不詳、五代目小六の関係者か？）
三弦　岸沢文字八《きしざわもじはち》（常磐津節の演奏者、不詳）
作者　五返舎半九《ごへんしゃはんく》（戯作者、十返舎一九の門人、『百物語化者狂言』など。生没年不詳）
女匠　都《みやこ》千枝（女性の演奏家、不詳）（十四ウ）
［一段］
咄家　馬勇《ばゆう》（落語家、二代目鈴々舎馬風か？　生没年不詳）
同　上方才六《かみがた》（落語家、不詳）
画工　立斎広重《りゅうさいひろしげ》（画家、一立斎広重、初代歌川広重、『東海道五十三次』『名所江戸百景』など。一七九七―一八五八、九月六日没）
同　桜窓三拙（画家、不詳）
［二段］
同　清元市造《きよもと》（不詳）
碑名　石工亀年（不詳）
画家　英一笑《はなぶさいっしょう》（一八〇四―一八五八、八月一二日没）
狂歌　六朶園《ろくだえん》（狂歌師、六朶園二葉、生没年不詳）
［三段］

太夫　常磐津《ときわず》須磨《すま》（常磐津節の演奏者、四世常磐津須磨太夫か？　不詳）
同　常磐津《ときわず》和登（常磐津節の演奏者、不詳）
太鼓　坂田《さかた》重兵衛《じゅうべえ》（歌舞伎の囃方の名跡、三代目か？　不詳）
人形　吉田《よしだ》東九郎《とうくろう》（人形浄瑠璃の人形遣いの名跡、生没年不詳）

［四段］

女匠　常磐津《ときわず》文字栄（常磐津節の女性演奏家、不詳）
同　同小登名（常磐津節の女性演奏家、不詳）
作者　山東京山《さんとうきょうざん》（戯作者、山東京伝の弟、『復讐妹背山物語』『歴世女装考』など。一七六九―一八五八、九月二四日没）
同　豊竹小玉（不詳、浄瑠璃作者か？）

当時流行した狂歌（当時のされ歌も…）

○当時の戯れ歌も、耳に入ったものを三、四首記しておく。

借金を娑婆へ残しておきざりや迷途の旅へころり欠落　紀のをろか

（借金をこの世へ残したまま踏み倒すのだろうか。あの世への旅へ向かってコレラでコロリと駆け落ちをする。　紀のをろか）

此たびは医者も取あへず死出の山よみじの旅路神のまじなひ　作者不知
（このたびの旅は、医者もなす術がなく冥途の山へ赴く。黄泉路の旅路には、神様のまじないしかない。　作者知らず）
ぜいたくを吐て財布のはらくだし三日転りと寝つゝけもよし　はれます
（贅沢をしてもコレラで吐いてしまうし、財布も腹をくだしたようにスッカラカンだ。三日の間はコロリと寝続けるのもよい。　はれます）
流行におくれさきたつうき中にアレいきますと恋もする也　思晴
（自分は流行病にかかるのが遅れて、恋人が先立ってしまうつらい世の中で、「アレ、いきます」と、声をあげるような恋もするのだ。　思晴）
埋はこむ焼場は困る苦の中に何とて魚喰へなかるらん　作者しらす
（埋め場は混むし、焼き場は困る。苦しみの中にあって、なぜ魚を食えないのだろう。　作者知らず）
〽お寺はよろこべ二日で仏になつたはヤイ
（お寺は喜べ、二日で仏になったよ、早いことだ。）
知己を往つ返りつとふらひのともにゆかぬぞ目出度かりける　しな猿
（知人の所に行ったり帰ったり、せわしなく弔いに行っているけれど、弔いのお伴をしてあの世へは行かないことが、めでたいことよ。　しな猿）

八月中の日毎の死者数（八月朔日より晦日まで、日々書上に相成候死人の員数）

○八月一日から三十日までに、日々報告された死者の数。

朔日	百十二人	二日	百七人	三日	百五十五人	四日	百七十二人
五日	二百十七人	六日	三百五十人	七日	四百六人	八日	四百十五人
九日	五百六十五人	十日	五百五十九人	十一日	五百七人	十二日	五百七十九人
十三日	六百二十六人	十四日	五百八十八人	十五日	五百八人	十六日	六百二十二人
十七日	六百八十一人	十八日	五百六十一人	十九日	五百九十七人	二十日	四百六十九人
廿一日	三百九十二人	廿二日	三百六十三人	廿三日	三百七十人	廿四日	三百七十九人
廿五日	四百十四人	廿六日	三百九十七人	廿七日	四百十六人	廿八日	四百三十五人
廿九日	四百四十七人	晦日	三百三十三人				

合計、一万二千四百九十二人　これほどあったという。

ここに記したのは、すべて報告書に記載されたものである。この他に人別帳に載っていない者の数は、一万八千七百三十七人である。[1]九月になってからは、死者数[2]は大きく減少して、九月の三、四日頃には五、六十人になった。それ以降は、はたと死者数が止まって、普段の通りになった。

ある院主の談話によると、「八月の一ヶ月間の葬礼の数は、およそ一年分もあった。そのため、普段は飯炊きをする者や門番の老爺、または門前でぶらぶらしている者を雇って、ある程度忙しくなっても不足はなかった。しかし、このたびは石工や日雇いの人々も皆が仕事にかかりきりで間に合わず、井戸掘職人を頼んで、ようやく安堵した」ということである。

〈注〉

（1）九月になってからは…原文では「九月ニ相成候て　九月に至りては」とあるが、おそらく急いで書かれたため訂正前の文が残ったか。

（2）死者数が止まって…安政五年のコロリ流行は九月中旬でいったん収束したが、文久二年（一八六二）に再び流行した。

〔挿絵十六ウ・十七オ〕

蘇生した死者（千住掃部宿に、奈良屋平次郎といへる…）

○(1)千住《せんじゅ》掃部宿《かもんじゅく》に、奈良屋平次郎という小間物商がいた。その者の妻が、この八月二十日頃、浅

草山谷に所用があって向かう途中のことである。(2)今戸《いまど》の方から、髪を剃ってやせ細った、顔色の青ざめた若い男が素裸で、子どもたちに追われて来るのに出会った。あまりに人々が群集して騒々しかったので、「何事だろう、狐つきのたぐいだろうか」と思って、足を留めて人に尋ねた。すると、「この病気で亡くなって火葬場に送られた者が、たった今生き返って、火葬場を逃げ出して彷徨しているのだ」と語った。この話を聞いた妻は、「(3)例の嘘ばなしだろう」と、気にもかけずにその場を立ち去った。後で聞いたところ、これは本当のことで、生き返った若者は、市ヶ谷《いちがや》あたりの商家の子息であったという。〔挿絵十六ウ・十七オ〕

〈注〉

(1)千住掃部宿…現在の東京都足立区千住仲町・橋戸町のあたり。一里塚があり宿場町として栄えた。
(2)今戸…現在の東京都台東区今戸。千住から見て浅草と同じ方角にある。
(3)例の嘘ばなし…コロリ流行時の江戸で、いかに流言飛語が多く語られたかを示す。

哀訴する幽霊（湯島の辺に、貧くくらす夫婦の者ありけり…）

○湯島《ゆしま》(1)のあたりに、暮らし向きの貧しい夫婦がいた。夫は長患いの床に臥していて、近頃では少し快方に向っていたが、いまだに立居が不自由であった。その妻は、今の世にはめずらしい貞節な女で、夫の長患いのために朝夕の食事もままならないのを、かいがいしく立ち働いた。小商いなどをしてその日を過し、日暮れに家に帰って夫の介抱をおろそかにしなかった。

〔挿絵十七ウ・十八オ〕

ところが、その妻がこのたびの流行病に侵されて、一日病苦にあえいで、その日の夜についに亡くなった。懐妊して九ヶ月になっていた。そこで、知人たちが集まって相談した。夫は病気のために葬式の費用もないのだから、皆で手をつくして金を用意して、妻の遺体を菩提寺に送り、火葬場に届けた。そして、骨を拾う日取りを決めて、近所の者たちは帰った。

ところが、その夜のことである。亡くなった妻が、火葬場の者の枕元に姿を現した。妻は、

「夫が長く病の床に臥して生活に困っていた折に、また私のためにいっそう出費があっては、今後の生活の手立ても尽き果ててしまいます……。こう思うと、このことばかりが気にかかって成仏できません」と、さめざめと泣き崩れた。こうしたことが三晩に及んだため、火葬場の者も不思議なことだと思った。そして、その夫が杖にすがって骨揚げに来た日に、詳しい事情を尋ねてみた。すると、本当に夢に見たことと一致したので、火葬場の者は火葬料を返したうえに、別に香典を与えて、供養してあげた。その後は、とりたてて不思議なこともなかったという。〔挿絵十七ウ・十八オ〕

〈注〉

（1）湯島…現在の東京都文京区湯島。湯島天神前に門前町、裏に切通町があった。当時魯文の住居は湯島妻恋町（現・湯島三丁目）にあり、前出の湯島三組町も近所にある。

数寄屋町の狐憑き騒動（八月十八日の事なり…）

八月十八日のことだとかいう。数寄屋町《(1)すきやまち》の大虎（家主書役《(2)やぬしかきやく》を兼ねる道具屋である）という者の家の裏に、煙管《(3)らお》のすげかえを生業《なりわい》とする者が住んでいた。この者が急に異様な症状を示したために、同じ長屋の者たちが集まって、「さては野狐《(4)やこ》がとり憑いたのではないか」と、大勢で取り囲んで問いつめた。すると、病人は、「私は、そのような者ではない。京都⑸から御用があり、鉄炮洲《(6)てっぽうず》稲荷社への使いの者である。この御用は我ら四頭で承ったのだが、二頭は道中の小田原で犬に襲われて落命した。しかし、急ぎの使いであるため、帰途でその仇討ちをしようと思った。とにかく腹が減ったので、ここに来たのだ」と語った。

語り終えると、すぐに飯を食った。その間にいろいろ尋ねてみたところ、「私は、八ッ狐《(7)やっきつね》と申す者である。今後、野狐にとり憑かれないためには、八狐親分三郎左衛門と書いて、門戸に貼るとよい」と話した。語り終えると、すっと立ち上がって、取り押さえていた四、五人の者たちを振り倒し、表の戸を蹴破って駆け出した。そのため、皆がその後を追いかけたところ、水谷町《(8)みずたにちょう》角の稲荷社の拝殿の前で、「お頼み申す」と声をあげたかと見えたが、卒倒した。人々は意識を失った病人を連れ帰って、病人は全快したという。

この事件については、坂部という名主⑼の監督下で、届けを出したとのことである。数寄屋町の家主の磯次郎という者の話である。

〈注〉

（1）数寄屋町…現在の東京都千代田区八重洲一丁目のあたり。大虎は未詳、屋号か。

（2）家主書役…貸家の管理人。地主から委託された者が多かった。

（3）煙管《らお》…キセルの管の部分。タバコのやにが詰まると取り替えた。ラオス原産の竹が使われたことからこう呼ばれた。

（4）野狐がとりついた…稲荷社などに祀られていない狐は低俗な憑物とみなされた。

（5）京都より…京都には全国の稲荷社の総本社とされる伏見稲荷大社がある。

（6）鉄炮洲稲荷社…現在の東京都中央区湊一-六-七に現存、鉄炮洲稲荷神社。

（7）八ツ狐…未詳、野狐（やこ）からきたものか。

（8）水谷町…現在の東京都中央区銀座一丁目、水谷橋公園のあたり。切絵図には水谷町の一画に稲荷社が記されている。

（9）名主…町名主のこと。町人居住区の行政事務を委託された。

彗星は厄神を祓う（厄神も長居はならじあし原や…）

厄神も長居はならじあし原やさかさに立し箒星には　百舌〔挿絵十九オ〕

〔厄神も長居することができまい、この葦原の国（日本）には。〔迷惑な者を追い

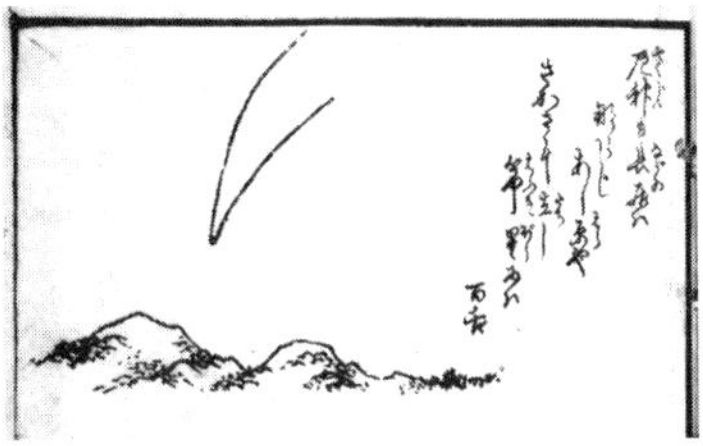

〔挿絵十九オ〕

払う）逆さに立った（箒のような）帚星[1]を前にしては（すぐに立ち去るだろう）。　百舌）

天文のことはいざ知らず。西方に星が出て、（その様は）画に描いた稲の穂のようだ。これを名づけて、豊年星という。

出来秋や空にあらはる豊年星　松瓶

（実りの秋の空に現れる、（豊年を示す）豊年星よ。　松瓶）

たいてい、ものごとは祝福するものだ。良きにつけ悪しきにつけ、屁のよう（にあっけないもの）だと見破るのも、また一つの悟りというものだろうか。

曇らざる夜にすいと出る放屁星武威にくさきもなびくしるしぞ　金瓶

（雲のない夜にスイと出る放屁星は、武威に草木も
（ブイと鳴る屁の音に）なびく印だ。　金瓶）

〈注〉

（1）箒星…彗星のこと。『武江年表2』一六八頁下に彗星の記事がある。「八月初旬より彗星、宵は乾の方、暁は艮の方に現はる事毎夜也。光芒北に靡きて甚だ長し。次第にちひさくなり、坤の方へより光芒南へ靡きけるが、九月中旬に至りて見えずなりぬ。」

妖怪を生け捕る（或大諸侯の藩士、木津氏なる人…）

〔挿絵十九ウ・二十オ〕

○ある大諸侯の藩士の木津氏という人がいた。この人は、もともと剛勇の気性を備えていて、武術もまた人並み外れた達人であった。

最近のある夜のことだとか。木津氏は、宿直を終えて退出し、宿舎に戻った。この人はいまだ妻も持たなかったので、勝手知った我が家の戸を開けて、家の中に入って寝室に行こうとした。すると、屏風(1)の裏から、じつに恐ろしい異形の化け物が忽然《こつぜん》と現れて、木津氏に飛びかかった。木津氏は、「こしゃくなやつめ、かかってこい」と、身をかわして腰の刀を抜くやいなや、化け物の真向めがけて切りつけた。この勢いにたじろいだのか、その化け物は身を翻して屋外へと逃げようとした。木津氏はすぐに追いかけて行く手をふさぎ、なんとか生け捕りにした。灯火を照らしてつぶさに見ると、これは年を経た狸(2)であった。

このたび奇病が流行した。この化け物は、その虚につけこんで人々をたぶらかし、苦しませたものであったという。〔挿絵十九ウ・二十オ〕

〈注〉

（1）屏風…間仕切りとして置かれていた。

（2）狸…『安政箇労痢流行記』に登場する妖怪はほとんどが狐だが、この逸話では怪異の正体は古狸であった。狐は人にとり憑くが、狸は異形の妖怪に化けて出た。

奇病に倒れた医師（中橋岩倉町に、本間大英といへる町医あり…）

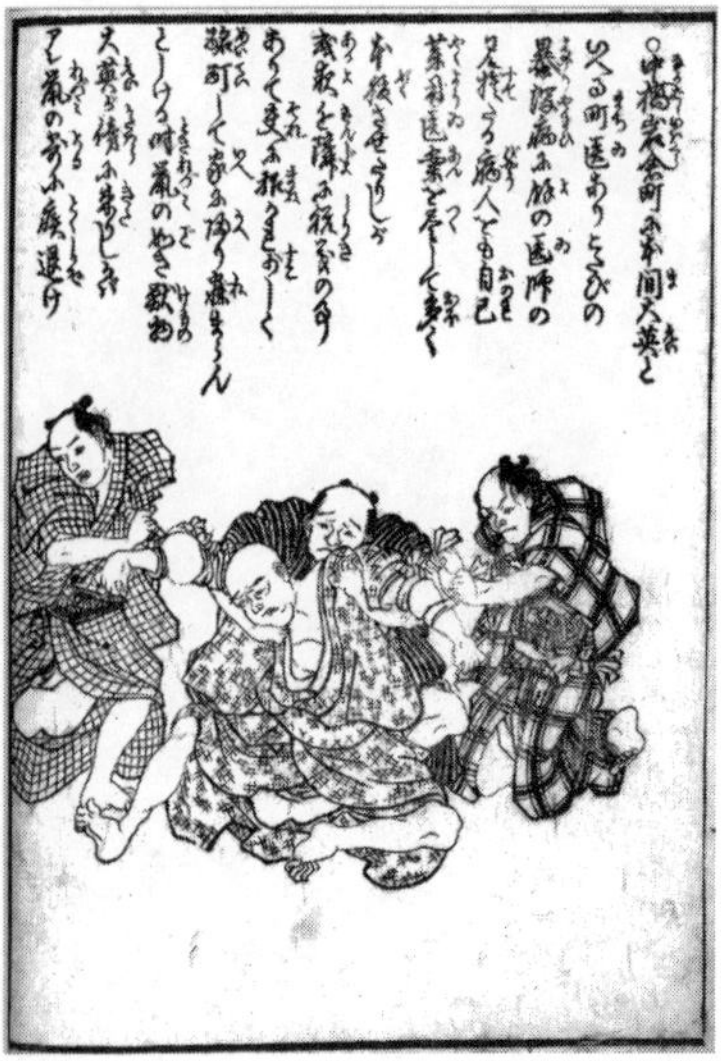

○(1)中橋《なかばし》岩倉町《いわくらちょう》に、本間《ほんま》大英《だいえい》という町医者がいた。このたびの流行病で、他の医者が見捨てた病人も自分の薬と治療法を尽して、数多く回復させた。

ある夜のことである。近所の祝い事に招かれて、すこし酔って帰宅した。眠りにつこうとした時に、鼠(2)のような獣が大英のそばに来たので、「アレ、鼠が寄ってくる。はやく追い払え」と、妻に指図した。しかし、妻の目にはまったく見えなかった。そうこうしているうちに、「ソレ、鼠めが膝へ入っ

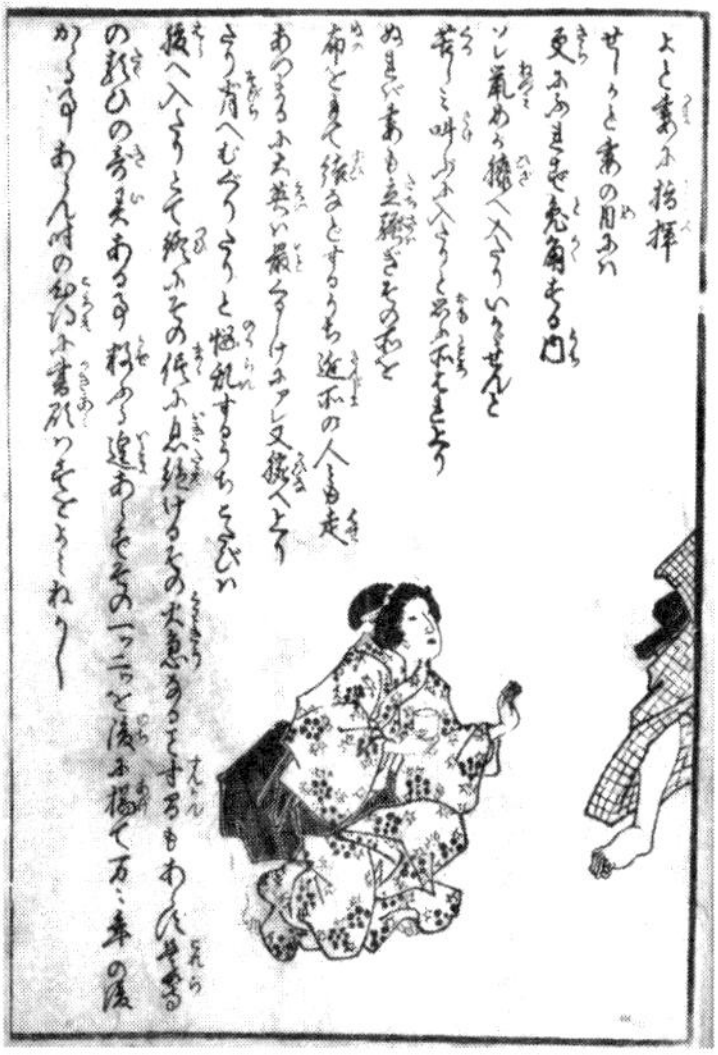

〔挿絵二十ウ・二十一オ〕

た。どうしよう」と、苦しみ叫んだ。鼠が入ったと思う所が腫れあがったので、妻も大騒ぎして、その所を布で縛ったりした。そのうちに、近所の人々も急いで集まった。大英は、とても苦しそうに、「アレ、また腕へ上った。背へもぐった」と、悩乱するうちに、「今度は腹へ入った」と言って、ついにそのまま息絶えた。その速いことは、少しの間もなかった。

このようなたぐいの奇異なできごとは、数え切れない。それらの中から一つ二つをこの後に挙げて、遠い将来、このようなことがあろう時の心得に書き留めておくので、読んでほしい。〔挿絵二十ウ・二十一オ〕

前記の大英の話に似ていながらも、死ななかった者も大勢いる。その治療法を尋ねると、病人の体のふくれた所をしっかりとつかんで、またその前後を縛るなどして、狐憑きの者を責めるように、「さあ、出ていくか。出ていかなければ、こうしてやるぞ」と、刃を当てれば、たちまち病状が癒えた者もいる。また、患部を突き貫き血[3]を出して、助かった者もいる。あるいは、患部から黒気が立ちのぼり、光りを放って散った、などなど。じつに不思議なことの数々である。

〈注〉

（1）中橋岩倉町…現在の東京都中央区日本橋三丁目。本間大英については不詳。

（2）鼠…鼠に襲われる奇談は『宿直草』『善悪因果集』『燈前新話』『四ツ谷雑談集』などにも見られる。

【医】コレラの症状ではない。

（3）血を出し…【医】刺絡、瀉血と呼ばれる治療法。消炎解熱、循環改善などの作用がある。

疫病神の王―時節の予兆（時節の前表）

高田馬場(1)あたりに、ある大諸侯の下屋敷の管理人を勤める森山丈助という人がいた。この人は、武芸の達人であったけれども、世間のことには疎いようであった。

時は五月のことであった。ある日の夕暮れに、森山は気分がすぐれず、独り身の気安さで夕食もとらずに寝入っていた。夜も更けたころ、「枕もとに誰かが座っている」という夢を見て目を覚ますと、そ

〔挿絵二十二ウ・二十三オ〕

れは夢ではなくて、挿絵のような様子であった。森山は不審に思って、その人物に尋ねてみたところ、「私は厄神の王である。四、五日の間、宿を貸してくれ」といった。森山は、「それは迷惑なお望みだ。私は一人暮らしだから、一日寝込んでも難儀する。とっとと立ち去られよ」と叱りつけた。すると、その老人は微笑んで、「いやいや、お主に迷惑はかけない。宿さえ貸してくだされば、他には厄介にならないつもりだ」というので、森山は、「それならば、あそこの小部屋に入って休息なされよ」と許した。

そして、老人が門のあたりを手招きすると、とてもみすぼらしい姿の老若男女が、ぞろぞろと小部屋に入っていったと見えた。これは、はたして夢《ゆめ》か幻《まぼろし》か、はたまた現実か。老人は、すぐに礼の言葉を述べて、「彼らは皆、私の眷属の者たちだ。一宿のお礼は、こうしよう」と、挿絵のような端書きを教えて、「これを門戸に貼れば、我が一族は一人も家の中へ入らないだろう。もし入った家があれば、この札で身体をなでて、その病人の床《とこ》の下へ敷いて置けば、命を落とすことはない。また、処方箋を伝授する。きっと今年の秋になったら、多くの人を助けよ」と、伝え終ると自分も小部屋に入っていった。〔挿絵二十二ウ・二十三オ〕

翌日、その小部屋には何もなかった。森山は、昨晩の気分の悪さも消えて、とても気分よく目が覚めたので、いつものように庭へ出た。中間《ちゅうげん》(2)たちはこの様子を見て、「昨日のお熱のご様子では、これほど早くご出勤なさることはできないだろうと思った」などと語るので、「厄神が宿を借りに来たのだ」と話して聞かせた。話を聞いた中間たちは半信半疑で、また自分もどこまでが本当のことだったのかと思われた。また「あほらしいことだ」と恥ずかしくもあり、その後は人に話しもしなかった。

六月も過ぎて、七月初旬にいたった。森山は、築地(3)の甥が奉公する屋敷へ用事で訪ねて行った。その帰りに、その屋敷の足軽頭《あしがるがしら》(4)が後を追ってきて、「この六月に甥君に話されたと聞く、厄神除けのお札を二枚と、伝授された丸薬を作っていただけまいか。今、私の部屋に熱病でたいへん難儀している者が二人いるのです」と、是非にと頼まれた。森山は放っておくこともできず、甥の部屋でお札と薬とを作って与えた。すると、その翌日から病人は食欲を催して、たちまち全快したという。これは、甥が六月の土用《どよう》(5)の見舞いに来た時に、あの夢物語を聞かせたのを伝え聞いたものであろう。

このことがあってからは、甥の奉公先の屋敷でたいへんお札を珍重した。そして、「私にもくだされ、私にもくだされ」と頼んで譲り受けた。しかし、その中に一人の酔っ払いがいて、たいそうお札を罵った。すると、その夜に病気に侵されて亡くなったということだ。

そのほかにも不思議な霊験があって、お札を乞う者が多かったという。また、奇妙なのは、老人の言葉の「この秋に流行る」と言ったことから、お札の名宛ての「邪」という文字で、例の熱病(6)ではないことを察したことである。

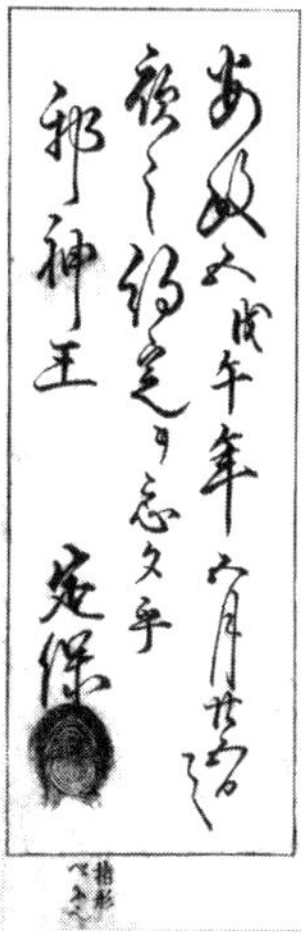

〔挿絵二十四オ〕

安政五戊午年五月廿五日の
夜の約定《やくじょう》を忘れたか
(7)邪神王　　　定保

（指形は紅である）

〔挿絵二十四オ〕

〈注〉

（1）高田馬場…現在の東京都新宿区。高田馬場には、尾張徳川家、一橋家、井伊家など当時の要人の下屋敷があった。

（2）中間…武家の奉公人。

（3）築地…現在の東京都中央区。尾張徳川家と一橋家の屋敷があった。

（4）足軽頭…歩兵部隊の隊長。平時は屋敷の警備や主君の供をする部署の末端管理職。

（5）土用の見舞い…暑気見舞い。江戸時代に用いられた陰暦では六月中旬ころからの一八日間が夏の土用にあたり、暑中見舞いなどが行なわれた。現代の太陽暦では七月下旬ころからが土用にあたる。

（6）コレラに発熱症状はない（本書六八頁注を参照）ので、この「熱病」が何を指すのか不明。また「邪」の字との関連も不明で文意は定かではない。

（7）邪神王定保…不詳。

魔除けの白沢[1]の図・刊記（白沢の図・刊記）

夜毎にこの絵を枕に添えて寝る時には、悪い夢を見ることもなく、様々な邪気を除ける。

神たちが世話をやく病このすへはもうなかとみのはらひきよめて　おろか

（神様たちが手こずる疫病も、この後はもう中臣の祓いによって祓い清められる　おろか）

〔挿絵二十四ウ〕

時は安政五年戊午季秋九月　天寿堂蔵梓 実

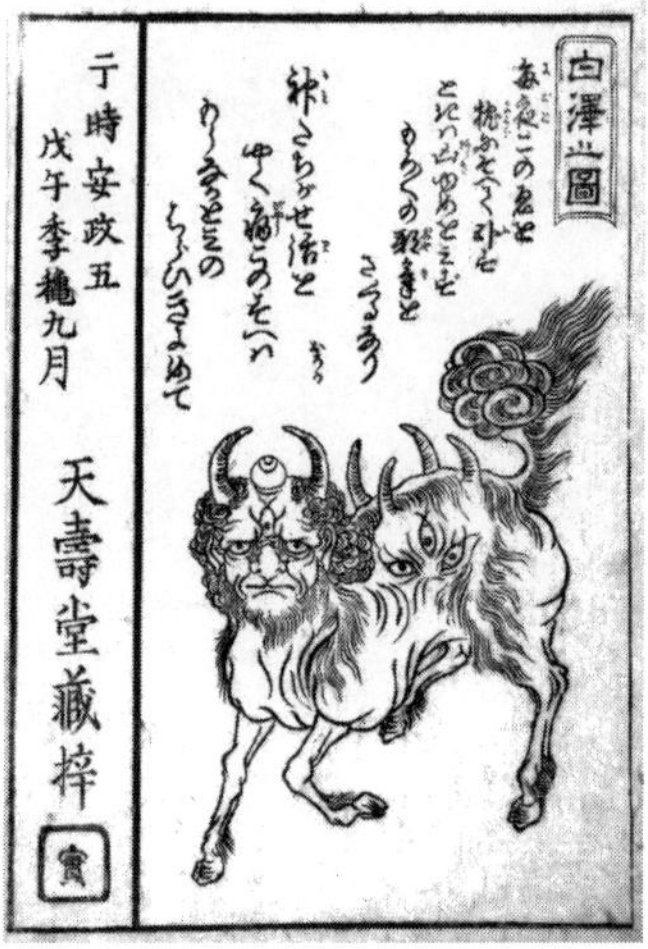

〔挿絵二十四ウ〕

〈注〉

（1）白沢…本書四〈解説2〉佐々木聡「大尾に置かれた白沢図とその意味」を参照。

三　〈解説1〉コロリ表象と怪異

（今井秀和）

(一) 安政五年のコロリ騒動

明治元年（一八六八）から遡ること一〇年前の安政五年（一八五八）六月十九日、日米修好通商条約が調印され、長かった日本の鎖国がついに終わりを告げた。

しかし、このときすでに、日本と世界の国際的な交流をめぐる、もうひとつの事態が動き出していた。上海経由で同年五月に長崎港へと入港していたアメリカの蒸気船「ミシシッピー号」の船員に、コレラ感染者が含まれていたのである。ミシシッピー号は、ペリー提督が率いて来日した艦隊の蒸気船、いわゆる「黒船」であった。

長崎から広まったコレラの流行が日本各地を襲うと、七月には江戸市中にも広まり、八月にかけて多くの患者や病死者が出ることとなった。

前近代、すなわち古代から江戸期にかけて、日本人は幾度となく繰り返される疫病の流行に苦しめられてきた。ただし、このときのコレラ大流行は、それまでの疱瘡（天然痘）や麻疹（はしか）などの流行とは異なる側面を持っていた。すなわち安政五年時のコレラは外国との交流――アメリカ船の長崎港入港と船員の出島上陸――によってもたらされたものであり、一部の日本人もそうした具体的な感染経路を認識していたのである。

ただし、日本においても世界においても、コレラの感染経路については他国についての予断や偏見に基づく誤った認識も多かった(1)。たとえば一八三〇年にモスクワとワルシャワをコレラが襲った際、北西ヨーロッパの国々は、衛生の水準が高い自国をこうした病が襲うことはないと考えていた。また明治期の日本では、コレラが外国、とくに中国から輸入されたという意識を強く持ち、ナショナリズムはそれを養分のひとつとして肥大化していったという。

江戸期には長く鎖国体制が敷かれていたが、それはキリスト教の伝道に力を入れるポルトガルとの国交断絶を意味するものであって、オランダ、中国、朝鮮の三カ国とは継続的な交流が行なわれていた。そして江戸後期ともなると、国際政治上のパワーバランスや国内における蘭学の隆盛などとも相まって、交易を通しての海外の文物の流入や人的交流も盛んになってくる。そうした潮流の中、ついに「鎖国」が解かれたタイミングとほぼ軌を一にして、コレラの大流行が生じてしまったのは皮肉というほかない。

日本における最初のコレラ流行は文政五年（一八二二）のこと、朝鮮半島から対馬を経由して下関に上陸すると本土に広がった(2)。とくに長門と大坂での被害は大きく、大坂では一日に二、三百人の埋葬が行なわれたという。このときの流行は年内には沈静化していった。

その後、二度目の世界的流行は一八二九年に始まり、収束までに二十年以上の時間を要したが、日本への上陸はなかった。ただし、三度目の世界的流行を免れることはできず、安政五年、前述の通りコレラは長崎に上陸し、各地に飛び火して猛威を振るうことになった。

富士川游『日本疾病史』は、安政五年のコロリ流行に伴って作られた関連書籍を二十種ばかり列記している。(3) そのうちの一冊が『安政箇労痢流行記』(以下『流行記』と略記することも)であった。そこには、現代的な観点から見ても少なからぬ資料的価値が含まれている。『流行記』にはコレラ対策に関する「御触書の写」も収録されるが、それと同じ内容の写しは各地の史料にも見受けられる。

幕府編纂の歴史書『続徳川実紀』によれば、安政五年八月二十二日、コレラに関する「書付」が幕府内で作成されて代官所などに通達された。『流行記』に含まれる「御触書の写」は、その書付を写したもののひとつということになる。(4)

死者をめぐる奇談と怪談

『安政箇労痢流行記』の冒頭に置かれたこの書の「概略」には、安政五年当時のコロリについて、学者が書物を確認しても同じ例を見出せない、と記されている。文政年間のコレラと同様の病であることが認識されていなかったのである。

一方、この病を「狐狼狸《ころり》」と名付けて妖怪変化のせいにすることや、上水や鮮魚に原因があると考える世間の説については否定的であるように見える。「概略」の末尾には、神仏の加護と霊薬の効果について書き留めることで後世への備えとするのが目的である旨、記されている。ここでの霊薬は妙薬程度の意味なので、祈祷と医術が端的に並列化されていることになる。

安政五年のコロリ大流行では、江戸だけで三万人ともいわれる多くの死者が出た(人口比三パーセント以上)。『流行記』には、コロリで死んだ可能性のある著名人のリストや、死者の数を細かに記録した箇所もあるが、同じ書物の中には、コロリによる死者をめぐる怪談や奇談も記されている。

たとえば京橋南伝馬町一丁目では、桶屋の娘がコロリにかかり、医者がこれを診ている最中に息絶えた。仕方なく帰宅した医者であったが、途端に腹痛をおぼえると、すぐさま頓死してしまった。ちょうどそのころ、棺に納められる桶屋の娘が息を吹き返した。そして、娘に使う予定だった棺は代わりに医者を収めることになったという。

千住掃部宿の小間物屋の妻は、浅草に出かける途中で、やせ細った素っ裸の若い男が子どもたちに追われているのを見かけた。妻が往来の人に何事かと尋ねると、コロリで死んだはずの若者が火葬場で生き返り、逃げ出したものだと聞かされた。妻は、また世間を騒がすいつもの虚言だろうと考えて心にとめなかったが、後で聞けば実際の出来事であったという。

なお、この部分の挿図では、子どもたちの一人が草鞋をぶら下げた竹竿を手に持って青年に突き付けている。松浦静山による随筆『甲子夜話続編』巻八〇―一には、疱瘡神の難を免れる方法として、小さな足半《あしなか》(草鞋)を竹竿の頭に突き刺して立てておくものがあると記される。おそらく、青年を追う子どもが手にしているのも、それに類した疫病除けなのであろう。あくまで挿図に関する考察ではあるが、この子どもは、青年にとりつく疫病神を追い払おうとしているのではなく、青年自体を疫病神だと捉えているようにも思われる。

さて、死んだはずの娘や若者が葬送の直前に息を吹き返したという二つの話は、前近代の西洋でも頻繁に語られていた、いわゆる「早すぎた埋葬」という奇談の型に類するものだと言える。[5]「死」をめぐる判定が現代に比べて緩やかであり、土葬も多かった前近代において、実際にこうした事例は確かにあったことだろう。しかしここでは、これらが実話であったかどうかではなく、小間物屋の妻がそれを一瞬にして虚言と断じたほどに流言飛語が多かった、という点にこそ着目しておく必要がある。

また、湯島辺りで暮らす貧しい夫婦があり、長患いする夫を妻が甲斐甲斐しく世話していた。ところがこの妻が、このたびの流行病にかかるやいなや死んでしまった。妊娠九カ月目であった。知人たちは、なんとか金を工面して妻の葬送の手配をした。すると、火葬場の者の枕元に三夜続けて妻が立ち、夫が長患いであること、自分の葬儀にさらなる出費があっては夫の暮らしが立ち行かないことを告げて泣き崩れるのだった。

奇妙に思った火葬場の者は、亡妻の遺骨を引き取るため杖にすがってやってきた夫に事情を訊いた。すると、夢に見たことと同じだったため、火葬の費用を返した上、香典を与えて回向したという。

湯島の妻をめぐる話は恐ろしいものではなく、悲しくも優しい幽霊をめぐる物語である。貧富貴賤の差なく命を奪っていく自然災害や流行り病に対しては、病を妖怪化して語ることはできても、死者を怨霊化して語ることは困難である。いきおい、流行り病や天災などで命を失った死者については、人情噺めいた幽霊譚が紡がれることになるのであろう。

さきほど、流行り病について「病を妖怪化して語ること」は可能であると記した。実際、『流行記』をはじめとする複数の資料においては、コロリの原因を動物系の憑き物や、疫病神などに求める風聞が記録されている。江戸後期においてなお、「疫病」と「怪異」は非常に高い親和性を持っており、ときに疾病の原因として怪異を想定することもあったのである。

前近代日本の疾病史において、近代以降にも受け継がれるような「治療」と、近代以降は非合理な迷信として医療現場から排斥されていくことになる「加持祈祷」の類は、混然としたものであった[6]。西洋医学の知識が入ってきた江戸期においても、実際に多くの罹患者を生み出していた「流行り病」と、実際には存在しないものの、狐などの動物妖怪が人に憑依して体調を崩させたりする「憑き物」とは、明確に区別できるものではなかったのである。

(二) コロリはコレラに非ず

憑き物を含む「妖怪」一般について考えるときには、名付けという行為が非常に重要となってくる。不特定多数の人が、特定の妖怪を想起できるようにする最大の仕掛けこそ、名付けなのである。そして流行り病においても名付けは重要な意味を持つ。

コロリは江戸後期の日本で流行した、致死率の高い感染症に与えられた名であるが、それはのちに、妖怪的なイメージを宿すようにもなる。そして、奇妙な当て字で表現されるようになったり、獣じみた妖怪としての図像で表現されるようになったりするのである。

以下においてはコロリを軸に、日本における疫病と怪異の関係性について考えていくが、そこには、名付け、当て字による漢字表記、共通イメージの成立という、妖怪研究においても重要なファクターが深く関わってくる。そしてまた、流行り病のイメージ（表象）をめぐる問題は、すこぶる現代的な問題として、我々の前に立ち塞がってもくるのである。

一八八三年、R・コッホによってコレラ菌の存在が確認されるが、逆に言えば、それまではコレラを引き起こす原因ははっきりとしていなかった。コレラに罹患すると、下痢からくる脱水症状が発生し、いちじるしく体力が低下して場合によっては死に至る。江戸期、コレラは疱瘡（天然痘）とともに多くの日本人を震え上がらせた。

一般に、コレラの日本名として説明されることの多い流行り病に「コロリ」がある。しかしながら、コレラとコロリとはイコールではない。

コレラが日本に上陸し、初めて猛威を振るったのは、文政五年のことである。この時のコレラは、それより数年遡る文政二年に流行した、きわめて致死率の高かった流行り病の名を用いてコロリと呼ばれた。つまり「コロリ」という、コレラとは異なる症状を引き起こすなんらかの流行り病が先にあり、その名を借りて文政五年のコレラも同様にコロリと称されたのである。この時、被害の大きさや、罹患から死に至るまでの期間の短さから、「見急《けんきゅう》」（対馬）、「鉄砲」（豊後）や「三日コロリ」（大坂）等々の別名も生まれた。[7]

さらに遡ると、「コロリ」という病気に関する記述は、元禄の記事において確認できる。富士川游『日本疾病史』も示しているように、古くは『元正間記』元禄十二年（一六九九）の記事に「古呂利」（コロリ）の名称と、南天の実と梅干しを煎じて飲めばこの病を避けられるという有名な流言が見えるのである。この処方は『武江年表』元禄六年の項にもあり、これは、馬が語ったものとして広まったと記されている。俗にいう「馬のもの言い事件」である。

浅田宗伯『古呂利考』はコロリを「卒倒の義」とし、また『武江年表』安政五年七月の記事は、これを「頓死」を指すコロリに由来するとしている。江戸期のコロリは、そもそもは現代にも引き継がれる「頓死」の意味合いで名付けられたものだったのである。

図3-1　『我衣』の神社姫
谷川健一編『日本庶民生活史料集成』第十五巻（都市風俗）、三一書房所収

㈢ 流行り病と神仏・妖怪

すでに述べたように文政二年には、コレラとは別の流行り病である「コロリ」が猛威を振るった。そして文政二年のコロリ流行の際には「神社姫」という蛇のように細長い人魚状の予言獣の出現が噂されたといい、加藤曳尾庵《えいびあん》の随筆『我衣《わがころも》』にはその絵姿が収められている[8]（図3-1）。こうした予言獣の多くがそうであるように、神社姫もまた、豊作と疫病などを予言したのち、自らの姿を描き写せばそれを免れることができると説く。『我衣』は、文政二年に「神社姫」の絵を売り歩く者がい

たことを記している。

『武江年表』文政二年二月の条には、神社姫についての次のような記事がある。「夏より痢病行はる。死亡のもの多し（此の節の病を俗にコロリと云ふ、これを避くる守り也とて、探幽が戯画百鬼夜行の内ぬれ女の図を写し、神社姫と号して流布せしを、尊ぶものもありしなり）。」(9)

「神社姫」のルーツを妖怪「濡れ女」の図に求める説は、真偽はともあれ面白い。直接の関連は別として、海から出現する蛇身の女妖怪と、人語を解する人魚との間には、なんらかの情報の連関を疑っておいてよいように思われるからである。

そして、神社姫とよく似たものに「姫魚」と呼ばれる、やはり人魚状のものがある。「姫魚図」（国立歴史民俗博物館所蔵）には、文政二年（一八一九）、肥前国平戸の海に出現したという予言獣「姫魚」が、コロリの流行と「箒星」（彗星）の出現を予言したと記されている。(10)同様の図はほかにも複数ある。

さて、『安政箇労痢流行記』には尾を引いて空を飛ぶ箒星を描いた頁があり、そこには箒星に関するいくつかの狂歌が添えられている。ここに突如、彗星絡みの頁が用意されているのはなぜなのだろうか。

安政五年の彗星については『武江年表』も記しているほか、武蔵国多摩郡中藤村《なかとう》（現在の東京都武蔵村山市）の陰陽師、指田摂津による『指田日記』八月一日などにも記述がある。(11)ともにコロリ流行について記した記事の近くに彗星の話題を配置しており、少なからぬ知識人たちが、彗星とコロリとの間になんらかの関連性を想定していた様子を伺うことができる。そもそも古代中国において彗星は、悪政に呼応して空にあらわれるものとして考えられていた。こうした、人の世の行ないと「天」によるメッセージの関係性についての考えを「天人相関説《てんじんそうかんせつ》」という。日本にもこうした考え方が流入し、やがて、イレギュラーに見える天体の動きを凶事の予兆として捉える考え方が広く一般化していった[12]。

さて、神社姫や姫魚、そして、自らの姿を写すように告げたと瓦版に記される予言獣のアマビエは、いずれも九州（肥前、肥後）の海に出現したことになっている。江戸後期には古来の東洋的人魚イメージに加え、「南蛮渡来」の西洋的人魚の知識が書物を通して流入しており、実際、江戸後期の九州海上における人魚目撃譚にも西洋人魚のイメージが流入していた[13]。

ただ、ここで想定しておくべきは次のような問題である。すなわち九州から遠く離れた場所で、実際に現地に行けない人々相手にもっともらしい地名を使った、という可能性である。湯本豪一が収集した瓦版などからも明らかなように、予言獣たちの多くは江戸や大坂といった都市部から遠く離れたところに「出現」している。たとえば肥前や肥後の海上、あるいは越中、そして出羽、恐山などの山中などである。

これらは、瓦版が流通したと推察される都市部から遠く離れており、都市部の民衆にとって容易にはその出現の有無を確認し難い土地であった。近代以降の怪奇映画や、現代のフェイク・ドキュメンタリー番組における「大アマゾン」や「秘境」のようなものだと考えればよい。要するに、瓦版や刷り物などに印刷された予言獣に関して言えば、それは都市文化の産物なのである。

図3-2　アマビエの図
『肥後国海中の怪（アマビエの図）』
（京都大学附属図書館所蔵）

たとえばアマビエについて見てみよう。本来、これは弘化三年（一八四六）の刊記を持つ一枚の刷り物に記されたものである（図3-2）。肥後国の海中に毎晩、光り物（謎の光）が発生した。役人がこれを確かめに行ったところ、奇妙な姿のものがあらわれた。そして「私は海中に住むアマビエと申すものである」と名乗ると、「今年から六年は豊作が続くが、病気が流行するので私の姿を写して人に見せるように」と告げて海中へ去ったという。

この刷り物は、役人の報告が江戸へと伝わった、という体裁をとっている。

つまり、この刷り物に「肥後の海に出現した」という内容が記されていたからといって、実際に現地で語られていたことを示すものではないのである。

さらに、神社姫や姫魚、そしてアマビエのルーツと目されているアマビコなどの予言獣たちが複数の資料に記されているのに対して、現在までに発見されているアマビエの資料は、京都大学附属図書館に所蔵される刷り物一点しかない。アマビエが流行したとか信仰の対象となっていたという記録は他の資料にも見出せず、後世に資料を残した江戸期の予言獣たちの中でも、アマビエの知名度は相当に低かったものと推察される。

しかし二〇二〇年のコロナ禍にあって、アマビエはＳＮＳなどを通じて知名度を上げると、次々にシールやマスク、飲食物をはじめとしたグッズ化を果たし、さらには寺社が護符や御朱印の図柄に採用するなどして、瞬く間に疫病除けの「流行り神」めいた存在と化していった。[14]こうして形成された新たな「アマビエ」のイメージは、さきに述べた基本的な事情を無視して、新たに根拠のない情報（現地での信仰、語り継がれる在地伝承）を上書きされつつある。

現代の感染症が引き起こした閉塞状況の中で、遊び心を含みつつ急速に成長した「アマビエ」の流行それ自体を否定するつもりはないが、そうしたブームの中で本来的な情報が軽視され、いつの間にか新たな情報が上書きされていく、という構造については注意しておく必要がある。なんとなれば、「歴史」とはそうやっていつの間にか、緩やかに改変されかねないものだからである。

疫病神と予言獣

前近代の日本において、流行り病と呪術や妖怪は浅からぬ関係を持っていた。ここでそれらをつぶさに確認していくことはできないが、象徴的な事例をとりあげつつ、アウトラインを眺めていきたい。

『日本書紀』崇神天皇五年には、この年、飢饉と疫病の流行に対して、これを自らの政治が天の意に適っていないことの反映と捉えた崇神天皇による祈祷が為されたという記事がある。時代が下ってからの疫病の際には、広く『大般若経』の転読などが行なわれることになる。

『備後国風土記』のいわゆる「蘇民将来」型説話では、スサノオであることを自称する武塔神《むたのかみ》が物忌み中の人間に一夜の宿を乞う。これを断らなかった蘇民将来という人間に対し、武塔神は疫病流行の予言（というよりも予告?）をした上で、疫病除けである茅の輪の作成法を伝授する。

中世以降には牛頭天王もまた、蘇民将来型説話を下敷きにした話形とともに疫病神としての性格を強めていくことになる。[15] こうした疫病神たちの特徴は、疫病流行の原因そのものであると同時に、予防法を伝授するものでもある、というその性格の二重性にある。

疫病は飢饉と連動することが少なくない。中世から江戸期にかけては、そうした危機的な状況下において、飢餓状態になった人が死体を食ってしまう話が多々あり、またそれは、人が鬼と化す話、とくに「鬼女」をめぐる世間話と深く関わっていた。[16]

江戸期に入ると、「疫病神の詫び証文」なるものが登場する。これは、同時代的な証文そっくりに擬態させた、いわゆる「偽文書」で、疫病神が特定の人物に対して詫び言を述べた上で、二度とその名の付いた屋敷に侵入しないと誓ったものである。[17] 神と人との力関係に変化が見られるものの、疫病神が人に託す物という大枠で捉えれば、蘇民将来型説話の流れを汲んでいると言えるだろう。

『安政箇労痢流行記』には、コロリ除けのまじないや祈祷などに関する記事も含まれる。不安を抱えた江戸市中では、夜中に手作りの神輿や獅子頭を持ち歩く者がおり、季節外れの豆撒きを行なう家もあった。

こうした民間のまじないについては『武江年表』安政五年七月のコロリ記事に、同様のものを見出すことができる。そこでは、コロリが猛威を振るう中で、天狗が伝授してくれたという、羽団扇に似たヤツデの葉を軒先に吊るす方法などの「妄言」に基づくまじないが広く行なわれていたことや、路上に三峯山を遥拝するための小さな祠が作られたことなど、新たな厄払い、疫神払いの習俗が次々と登場したことが記されており、少なからぬ例が『流行記』に共通している。

『武江年表』でコロリ対策として三峯山が出てくるのは、三峯神社の使いが「オイヌサマ」と呼ばれる山犬（狼）であり、その姿を写した護符が狐落としに験力を発揮すると信じられていたことに関係しているものと考えられる。「狐狼狸」の字に狼が含まれていることからすると、狼で狼を払うのもおかしいような気がするが、憑き物としての動物妖怪のイメージを帯びたコロリは、後述するように基本的には狐のイメージを、そしてときに狸のイメージを帯びていたものと推察されるのである。

『流行記』に記される病除けの中でもとくに興味深いのが、疫神や狐などによる「お札」の伝授に関する世間話である。たとえば、数寄屋町で煙管《らお》（キセルの管部分）のすげ替えをしていた男に取り憑いた「八ツ狐」と名乗る狐は、野狐に取り憑かれぬためには「八狐親分三郎左衛門」と書いた紙を門戸に貼るべし、と告げて立ち去っている。

高田馬場では武芸の達人のもとに「厄神の王」を名乗る老人があらわれ、数泊の宿を乞うてきた。仕方なくこれを引き受けると、厄神の王の眷属だという汚らしい老若男女がぞろぞろと家に入ってきた。老人は「邪神王」の名を含む言葉を書いた疫病除けの札の作り方を教えてくれたという。

「邪神王」とは随分大きく出たものだが、古代の武塔神につらなる蘇民将来型説話の系譜は、コロリ騒動の中にあっても依然として「実話」としての存在感を放っていたのである。なお、疱瘡（天然瘧）をもたらすと考えられていた「疱瘡神」を老若男女の集団としてイメージしている例が随筆『甲子夜話続篇』巻八〇－一などに見られる。

蘇民将来型説話に連なる各種のお札および、その派生とも思われる疫病神の詫び証文は、神社姫やアマビエなどの予言獣と、どのように関わってくるのであろうか。流行病の予言と護符の作成法の伝授、という点で予言獣をめぐる話は古代の蘇民将来型説話に似ている。ただし、神の姿が異形であり、その姿を描くというところに新しみがあった。

江戸期には、印刷技術の発達という文化現象に伴い、妖怪の図像化が推進された。予言獣の姿を刷った瓦版が商品として流通していたことも、そうした文化の中から発生してきたのである。

神社姫やアマビエ・アマビコたち異形の予言獣たちは、先行するふたつの「神」的なものの系譜を引き継いでいるように思われる。ひとつは、武塔神や牛頭天王、そして厄神の王といった、総称としての「疫病神」たちである。もうひとつは、凶事の前触れとしての異形の生物の出現である。本来は異形の生物の出現そのものが尋常ならざる事態の予兆であったものが、やがて、異形の存在が予言を行なうパターンに変化していったのであろう。

姫魚・神社姫やアマビエ・アマビコは、凶事を祓う護符の伝授者であるが、同時に、凶事とセットになった存在でもある。これを凶事そのものであったと解することも可能ではある。ただし基本的には、予言獣たちに対してそうした負の方向への想像力が働くことはなかったようだ。

いずれにせよ日本における疫病除けの文化は、時代ごとに新たな神を生み出しつつ長く続いてきた。

疫病への仏教的な対処としては『大般若経』や『金剛般若経』をはじめとした経典の読誦や、薬師如来、不動明王ほかの利益《りやく》を求める祈祷があり、神道寄りの対処としては、古代から続く蘇民将来型説話に由来する護符や、その流れを受ける中世の牛頭天王信仰があった。さらに江戸期に入ると、そうした既存の疫病除けの「効能」に飽き足りなかったのか、新たな疫病神や予言獣といった、さまざまな流行り神が登場するようになる。

見逃すべきでないのは、江戸期における流行り神の一部や、民間から作成法が流布した護符やまじないなどが、宗教者の介在なしに実行可能な疫病除けであった、という点である。その背景には、明確な対処法の見つからない流行り病に悩まされる中、既存の治療や祈祷に満足できない当時の民衆による新たなニーズがあった。

(四) コロリから狐狼狸へ

先述したようにコロリの場合、コロリ＝コレラではなく、文政五年のコレラ流行の際に、すでにあったコロリという名称が転用されたものであった。

病気の名付けという問題はきわめて重要である。現代の国際社会でも感染症の名称に地域名を入れることが物議を醸し、近年は特定の地域を示す名称を用いないようになりつつある。そして、名付けの次に問題となってくるのが、病をめぐるイメージである。どのような「姿」で病を思い描くかという点において、前近代には現代とは比較にならないほど奥深い想像力があった。

病の擬人化と「擬獣化」

前近代の日本においては、形而上の存在であるはずの神に説話や図像で形象を与えて形而下の存在と為し、多様な宗教文化を展開してきた。また、ある種の妖怪は、不可解な「現象」、あるいはよくない「現象」に対する説明として生まれてきた。

インドの仏典に由来する中国の仏教説話に、国に禍《わざわい》をもたらす「禍」という獣をめぐるものがある。この説話は仏教説話集などを通して日本にも定着し、獣は「わざわい」などと呼ばれて中世の説話や芸能、また江戸期の読本などを通して広く知られるようになった。(18)「わざわい」は、「よくないこと」それ自体が獣としてキャラクター化されたものとして捉えられる。

さらに、よくない「現象」である病気に対して、その原因を説明するために作り出された架空の生物たちもいる。中世日本の鍼灸書『針聞書《はりききがき》』や、そのルーツとおぼしき道教医学の諸書に図解される「三尸九虫《さんしきゅうちゅう》」や「伝屍虫《でんしちゅう》」のような、病気の原因としての「腹の虫」たちである。これらには実際に観察可能な寄生虫に似たものもあれば、爬虫類や哺乳類のような姿のものもあった。

前近代における病気の表象には、擬人化のスタイルをとるものもある。江戸期の疱瘡神や『安政箇労痢流行記』の厄神の王などの広義の「疫病神」たちがそれにあたるが、古くは『今昔物語集』に、震旦（中国）の話として、童子の姿をとって人語を話す「病」に関する記述がある。(19)日本の庚申信仰に影響を与えた道教の説には、人間の体内に棲み、その悪行を天に報告して寿命を縮めようとする

「三尸《さんし》」をめぐるものがあり、その姿もまた、小さな人間だと考えられることがあった[20]。

このように前近代には、神仏や妖怪のほか、一部の病気もまた、人間や動物のイメージを帯びた表象として、擬人化あるいは「擬獣化」されてきた。擬獣化とは耳慣れない言葉かもしれないが、近年のサブカルチャーで用いられる一種のネットスラングである。通常は、マンガやアニメなどにおける既存のキャラクターを、犬や猫などの獣姿で描くファンアートを指すものとして使われる。ただし本稿では、広く、獣以外の事象を獣として表現する技法を指して「擬獣化」としたい。

前近代の日本では、動植物や器物、さらには概念を擬人化する技法と並んで、擬獣化も頻繁に行なわれてきたのであり、そこには、病も含まれていた。一方、現代の大衆文化においては、広告やマンガ、衛生や予防に関する啓発ポスターなどで、特殊な機械を用いなければ目視できない「ばい菌」や「ウイルス」を擬人化キャラクターとして可視化している。

二〇二〇年から世界的な流行を見せたCOVID-19（新型コロナウイルス感染症）も例外ではなく、アメリカのネット掲示板「4Chan」に投稿されたイラスト「Corona-Chan」は、チャイナ服をまとった少女姿であることが物議を醸した。台湾の衛生福利部（保健省）疾病管制署は、COVID-19を擬人化したイラストを発表したが、そこでは各種の議論に配慮してか、中性的で謎めいた存在としてのキャラクター化が為されている。

現代においても、ウイルスなどによる感染症をどのように名付けるか、また、それをどのような姿で可視化するかというのは大きな問題なのである。

ただし「狐狼狸」のような当て字と相まって、先行する伝統的な動物妖怪のイメージを帯びたコロリ表象と、現代におけるキャラクター文化（擬人化の表象文化）との間には、越えがたい大きなクレバスも存在している。

それは、前近代におけるさまざまな疫病神や「狐狼狸」の名称、そしてそれに与えられた図像が、一定の条件下においては、その表象のままで実在すると考えられていた点である。これは、現代のキャラクター文化には見られない特徴である。江戸期のコロリ表象にはときに「妖怪」や「憑き物」としての意味が含まれているのであり、その点で現代の「感染症」認識とは大きな隔たりがあった。

狐狼狸、虎狼狸という当て字

病名「コロリ」には、『安政箇労痢流行記』の書名（外題、内題）や本文では「頃痢」や「箇労痢」、「狐狼狸」といった字が当てられている。江戸期のコロリ表記には、ほかにもいろいろな当て字があったが、とくに「狐狼狸」および「虎狼狸」が広く用いられた。いずれも複数の動物イメージをあつめた当て字であり、そうした意味では西洋のキメラや日本の鵺《ぬえ》などを彷彿させる。

安政五年のコレラ流行の際、九月上旬には緒方洪庵による『虎狼痢治準』が刊行された。洪庵はコロリの表記に関して、すでにある漢語「虎狼」が持つ恐ろし気なイメージを厭わずに利用し、また能動的に虎狼の字を用いることを初版の冒頭に記していた。ところが、その表記を武谷椋亭に咎められるや、訓みだけを「コロウリ」に修正しつつ、表記は改めないというしたたかさを持ち合わせてもいた。[21]

明治以降、コレラの表記としては「虎列剌」を用いることが増えるが、その用字にも虎の字が引き継がれている。単に音を写しただけのものではなく、もとの用字に含まれていた、漢籍由来の「虎」字が有する恐ろしいイメージ、足の速いイメージが継承されたものと考えられる。なお現代の一般書などには「虎列剌」の「剌」を「刺」と誤記している例が散見されるが、正しくは「虎列剌」である。

(五)『安政箇労痢流行記』のコロリ表象

江戸期におけるコロリ表象は、なぜ擬人化ではなく擬獣化のかたちをとったのだろうか。コロリが獣のイメージを宿すに至った経緯については、当て字による獣イメージの連想の前段階として、別のファクターに着目する必要がある。それが「憑き物」信仰である。

『安政箇労痢流行記』には当たり前のように動物系の憑き物(狐、狸、鼠)の話が頻出するが、それはコロリが憑き物と類似の現象として認識されていたからにほかならない。

さて、奥州守山領(福島県郡山市)の地方《じかた》帳簿『御用留帳』に記載された各種の医療関連記事を分析した労作に、昼田源四郎『疫病《はやりやまい》と狐憑《きつねつ》き』がある。[22] そこでは全く別個の事例として、当時「狐憑き」として判断された失踪者や、文政五年のコロリ関連記事などが扱われている。こうした、あくまで個別に生じていた憑き物やコロリをめぐる文化現象が多数あった一方で、本稿で扱う江戸や武州における事例などでは、ときに両者が分かち難く結び付いていたことを確認できるのである。

コロリに化けた古狸

『安政箇労痢流行記』には、一見、動物妖怪イメージを帯びたコロリをそのまま描いたと思わせる絵がある。実際、そう勘違いされがちなのだが、実はこれ、コロリに化けた古狸の絵なのである。

――とある大藩に仕える武士に木津氏という剛直の人があった。ある日、宿直から帰って寝室に入ろうとしたところ、屏風の裏から突然、異形の妖怪が飛び掛かってきた。身をかわして刀を抜くと妖怪は逃げようとしたが、木津氏はうまくこれを生け捕りにした。灯りに照らしてよく見れば、その正体は古狸であった。奇病流行の虚につけこんで、人を誑かそうとするものであった――

人を悩ませる動物妖怪の正体が流行病としてのコロリそのものではなく、流行病の騒動に乗じて人を誑かそうとする古狸だった、というところが興味深い。『武江年表』には、これとは別の騒ぎを記す中で「此の虚にや乗じけむ、狐惑《きつねつき》の患もあり」という記述もあり、コロリ騒動の最中にあって狐憑きなども多く生じていたことがわかる。[23]

『流行記』に記録された、コロリ騒動に乗じて人を誑かそうとした狸の世間話は、このような世相から生じたものだったのである。ただしこうした、コロリに化ける狐狸の類という二段構えの構造も、コロリそれ自体が動物妖怪のイメージを宿しているがゆえに発生したものであったことは間違いない。

鼠とコレラ獣

また、『安政箇労痢流行記』には、本間大英という、他の医者が見放したコロリ患者を数多く回復させた町医者が目撃した、鼠のような獣についての記事もある。

ある日、酩酊して自宅に帰ってきた大英は、鼠のような獣が膝へ入ったと騒ぐが、妻にはこれが見えない。鼠が入ったとおぼしき箇所が膨れ上がったので、妻や近所の人々はそこを布で縛るなどしたが、快方に向かわぬまま、大英はあっという間に事切れてしまったという。

明記はされていないものの、大英の体に侵入したという鼠のような獣が、コロリと関係するものとして認識されていたのは明らかであろう。

図 3-3 『藤岡屋日記』のコレラ獣
『近世庶民生活史料　藤岡屋日記』第十巻、三一書房所収

それでは、獣姿でのコロリ表象は、具体的に江戸期の他書にはどのように記されているのだろうか。本件について考える上では、江戸の情報屋、須藤由蔵による大部の日記『藤岡屋日記』が役に立つ。

『藤岡屋日記』には、安政五年から数年後の文久二年（一八六二）における、日本で三度目のコレラ流行にまつわる風聞が記録されており、そこには「コレラ獣」というイタチ状の獣について「毛並狐色より余程濃く、眼丸く、手足猿之如し、爪、猫之形」と記され、図も付されている[24]（図3-3）。そして『流行記』における大英の事例に並べてみたとき、両書には実に多くの共通点が見出されるのである。

――文久二年、八月十二、三日頃のこと、武蔵国多摩郡三ツ木村（東京都武蔵村山市）の百姓である粂蔵の妻、ときがコレラに罹り、しきりに吐瀉をして苦しんだ。十七日には、ときの二の腕に瘤のような塊ができたので、これを揉みほぐすと病は快方に向かったという。見舞いにきた弟にも移ってしまったのだが、やはり瘤のようなものを揉みほぐすことで快方に向かった。

その日の夕方、鼬のような獣が粂蔵の家の裏口から飛び出していったが、見失ってしまった。翌日、ときはこの獣に出くわして寒気を覚えると、獣の眉間に薪を打ち付けて殺した。そこにやってきた近所の者が獣を焼いて食ったところ、よい味がしたという――

『藤岡屋日記』は続けて、同様の話をいくつも紹介している。たとえば、同じ村内の別の百姓がやはり流行病にかかって吐瀉していたとき、同じような獣が家から出ていくところを妻が見つけて追いかけ、隣宅の妻とともに打ち殺して土中に埋めたという。家から出てくるところを目撃されるというのは、憑き物や屋敷につく神に共通した特徴だと言える。実際の感染症においては、罹患者に近付いた者が感染するという事態が多く生じるが、それを、憑き物が次々に人にとりついていく様子に重ねあわせているようでもある。

さらに、同じく多摩郡の中藤村（東京都武蔵村山市）では、死人の体の中から同様の獣が駆け出して逃げ去った。なお中藤村は前出の陰陽師、指田摂津が住んでいた地でもあった。また、同じく多摩郡の谷保村（東京都国立市）の百姓が、出先の府中で流行病を発症して重体になった際、やはりその体から同様の獣が駆け出して藪の中へと逃げ去ったという。

『藤岡屋日記』はこうした、各地を騒がせる「コレラ獣」の風聞や「亜墨利《アメリ》（加）国のヲサキ狐」の風聞（これについては後述する）について、次のような考えを記している。

――コレラ病の獣とはいうが、実際には「ヲサキ狐」と同様の種類であって、コレラ病の虚につけこんで、体内に入ったものではないか――

こうした記述からは、コレラ獣を、憑き物であるオサキ狐と同様のものだと考えていることが分かる。さらに、コレラ騒動の虚をついて、オサキ狐の類が体内に入ったものだとする見解は、『流行記』における大英と鼠の事例などとも非常に似通っている。

動物系の憑き物としての「コロリ」あるいは「コレラ獣」のイメージが、当時、ある程度一般的だったことが分かる。興味深いのは、憑き物としての「コロリ」イメージが流通するだけでなく、そのイメージに乗じて、オサキと同様の憑き物が跋扈している、という二段構えの民俗的想像力である。『流行記』にも、人に取り憑いた狐を責め立てて人体から追い出して打ち殺したのち、尾崎大明神として崇めたというくだりがあった。この場合、人に仇為す悪狐を退治し、祀り上げて神とすることで向後の憂いを絶とうとしているわけだが、なぜ『流行記』にこうした話が列記されているかといえば、やはり、コロリの被害と憑き物の被害を明確に区別することができなかったからにほかならない。

世間話にひそむ毒

さて、安政五年に刊行されたコレラ関連の書籍のうちのひとつ、畑時倚（銀鶏）編・片西喜石画『街廼夢《ちまたのゆめ》』（疫癘雑話街廼夢）上巻は、水道に毒を流して江戸中の人を皆殺しにしようとする計画に関する噂を紹介した上で、これをあられもない風説として一蹴している。(25) また同じ箇所には、アメリカ（人）が日本に悪い狐を残していって、これが日本人に取り憑いて悩ませているのだという噂も記録されている。後者は、先ほどの『藤岡屋日記』でも触れられていた、いわゆる「アメリカ狐」である。(26)

さきに、明治期のコレラ騒動が、近代日本におけるナショナリズムのひとつの糧になっていったという説に触れた。江戸後期から明治期の日本ではコレラに関して、「アメリカ狐」のほか、「イギリス疫兎」や「千年土竜《もぐら》」など、外国からやってきた悪しき獣のせいだという風説があった。これらは海の向こうから来る脅威に動物イメージを与えたという意味で、後世の一地方でイタチじみた妖怪に姿を変えてしまったモクリコクリの伝承にも通じる素朴な想像力の発露としても捉えられるだろう。

しかし、ドメスティックな憑き物信仰に海外への恐怖心を加味した「アメリカ狐」は、憑き物の背後に憑き物使いとしてのアメリカ人という「仮想敵」を想定している。江戸文芸における「キリシタンの妖術使い」じみた外国人イメージが、一応の「実話」として流通していた幕末の世間話を侵食しているのである。(27)

さらに、コロリの背後に「何者か」による水道への毒流しを想定していることなどは、根本的な対処ができない緊急事態にあって「犯人捜し」をせずにはいられない、民衆の陰湿な想像力を感じさせて不気味である。同様の風説は、長州藩（萩藩）領、豊浦郡宇賀本郷の村医、古谷道庵による日記『古谷道庵日乗』安政五年八月十六日にも記録され、そこでの噂は外国人が毒を流したという、もっと直接的な内容になっている(28)。

これらの風説が持つ不気味さの理由は、言うまでもなく、それが後世の関東大震災後における朝鮮人虐殺の発端となった噂のひとつにそっくりだという点にある。現代の日本にあっても国際社会にあっても、光明の見えない緊急事態には常に「何者か」を敵視し、「犯人捜し」を行なうことが繰り返されている。

このような薄暗い想像力への抵抗力をつけるためにも、過去の「あられもない風説」に学んでおくことは重要だと言えるだろう。神話・伝説・昔話・世間話といった詠み人知らずの口頭伝承は人の心を育ててくれる重要な文化であるが、世間話には、ときに人心を蝕む毒が含まれてもいるのである。

さて実際のところ、憑き物という民俗的想像力それ自体にも、感染症などの病からの連想が含まれていたようである。たとえば、古くは中国・隋代に「猫鬼」という妖怪を使役する者の存在が信じられていた。『隋書』には、奇病に倒れた女性たちを診察した医師が、これを「猫鬼疾」による症状だと判断したことが記される。

藤原定家『明月記』には、都の人々を悩ました「猫胯病《ねこまたびょう》」に関する記述があり、これは「鬼」であるとも記されているが、こうした認識の背景には、中国由来の「猫鬼」に関する知識があったものと考えられている(29)。

猫鬼は、動物やその霊を使った呪術「蠱毒」の一種であり、古代中国における「蠱」は、ときに重要な病因のひとつだとされていた。日本の憑き物のルーツのひとつと考えられる蠱毒は、その初発である古代中国の時点で、病と深い関わりを有していたのである。[30]

また、憑き物による憑依というと、現代人はホラー映画の演出のように、気体のような霊が人間の身体に入ることをイメージしがちである。実際、『安政箇労痢流行記』における湯島三組町の魚屋の妻は、突然、のどに腫物ができて悶絶すると息絶えてしまうが、その際、腫物が消える代わりに、口から黒い気体が立ち上って消え失せたとある。

ここには、憑き物にまつわる前近代の二つのイメージが反映している。ひとつは、人体を去る際にあらわれる気体としてのイメージであり、それは前近代の日本におけるポピュラーな「霊魂」表象である人魂や鬼火にも共通する。そしてもうひとつが、人体に取り憑いているときにあらわれる「腫物」としてのイメージである。

現代人にとって、憑依にまつわる腫物イメージはピンとこないかもしれないが、民俗信仰の現場においては、小さな姿の狐などが物理的に人間の身体に侵入し、そうした箇所が腫れ上がると考えている場合も少なくなかった。

たとえば人を化かしたり、人にとりついたりする狐は、山などに空いた穴に生息し、さまざまな〈穴〉を自由に行き来できると考えられていた。[31]そうした性質を持つ狐は、人にとりつく際にも、傷口や爪の間などの〈穴〉を狙うと考えられており、人に憑依した狐を追い出す際には、小刀などで人為的に作った〈穴〉めがけて、とりつかれた人の体を大人数で揉み込み、追い出すという方法がとられることもあった。

『藤岡屋日記』における、コレラに罹患した女性やその弟が、瘤のようなものを揉みほぐすことで快方に向かったという部分にも、そうした民俗的想像力がはたらいていたものと考えられる。

(六) コロリと憑き物

さて、コロリについての記録をまとめたという体裁を持つ『安政箇労痢流行記』において、大英の体内に入り込み、ついには死に至らしめた鼠の話が記録されているのはなぜであろうか。同書は、この鼠がコロリとどのような関わりを持っているかについて明言していない。しかしながら、何らかの共通点が疑われるからこそ、記録されているのは間違いない。では、コロリと、この鼠の話との間には、どのような共通点を見出すことが可能であろうか。

鼠憑きとコロリ

古来、鼠の関わる怪異はさまざまあるが、『流行記』における鼠の怪異について考える上では、まず、前近代の日本に、鼠を霊魂の表象とする民俗的思考法があったことを念頭に置いておく必要がある。その上で、ときに動物系の憑き物が、人体へと物理的に侵入するものとして想定されていたことを想起すると、動物妖怪としての「コロリ」イメージとの共通点が具体的に浮かび上がってくるのである。以下、この問題について整理していこう。

江戸期の戯作や随筆類を紐解けば、鼠が人の魂のあらわれとして捉えられていた例をいろいろと拾い出せる。たとえば井原西鶴『諸艶大鑑《しょえんおおかがみ》』巻四の二「心魂《こころだま》が出て身の焼印《やきじるし》」には、寝ている太夫の袂から鼠が出てきて座敷にある葡萄を齧《かじ》り、また着物の中に戻る話があり、その場面を描いた挿絵も備わる。

ここでの鼠は、葡萄を食べたいと願う太夫の思いが変じたものであり、目覚めると脇腹に火傷の痕ができていたという筋になっているが、こうした物語のはこびには、人体の腫物や傷口を、憑き物が出入りする〈穴〉として捉える民俗的想像力からの影響が見出せる。腫物を〈穴〉とすることには疑問があるかもしれないが、腫物や瘡蓋は、憑き物が出入りする〈穴〉を塞いだ「蓋」としても考えられることがあったのである。

根岸鎮衛の随筆『耳袋』巻七には、寝ぼけた男が、自分の魂が抜け出たと勘違いして鼠を飲み込んでしまう話が載る。こうした例からも、鼠が人魂などと並んで、ときに人の霊魂のあらわれであると認識されていたことが分かる。

すでに記したように、憑き物としての狐は、物理的な「実体」をもって人体に入り込むものとして考えられていた。そして、大英をめぐる事例からは、ときに鼠にも、狐に類似した「憑き物」的イメージが抱かれていたものと推察されるのである。

こうした問題に関して貴重な資料となってくるのが、『東海道四谷怪談』に影響を与えた実録

『四谷雑談集《よつやぞうたんしゅう》』である。同書には、お岩の怨念の発露とおぼしき鼠があらわれて、伊右衛門の頭に出来た傷口から膿を吸う描写が含まれている。

江戸期の怪談集などにはたびたび、鼠が群れを為して生きている人を食ったという話がある。『四谷雑談集』における鼠憑きの話は、そうした動物奇談とも重なり合う面を持つが、「鼠付きける事」と記されている点で、いささか方向性を異にしている。(32)「付く」は「憑く」の意であって、要するにこれは「鼠憑き」なのである。江戸期には、ときに鼠も人に取り憑く「憑き物」だったのであり、憑依の際には物理的に人体への攻撃が行なわれると考えられたのだろう。膿を吸う、傷口を齧るといった描写は、体内への侵入に限りなく接近した怪異描写として行なわれていたはずである。

日本の民俗において鼠のイメージは、ときに深く憑き物と関わっている。サイキョウネズミ、コダマネズミといった直接的に鼠のイメージを宿した憑き物のほか、ときに犬神も、鼠の群れのようなものとして認識されることがあった。家屋の内部に棲みつき、家の外部と内部を自由に行き来する神出鬼没の存在であった鼠は、ときに大黒天の使いである福の神のイメージを帯びることもあったが、逆に、屋敷内における怪異の元凶とみなされることも多かったのである。(33)

膝に入る鼠と人面瘡

また、大英を襲った鼠が膝に入った、というのも無視できない。ここで想起されるのが、人体に発生し、人語を為したり、ものを食ったりするという「人面瘡《じんめんそう》」である。これは、人体に出来た傷口が次第に人面をなすという一種の「病気」として、ある程度、実際に信じられていた。腹中虫や応声虫、あるいは鍼灸書に載る病気の原因としての「腹の虫」たちと並び、実際に観察可能な寄生虫や、奇妙な形をした外傷といった、病気や怪我をイメージソースとしていた可能性がある。(34)

人体の外部からやってきて体内に入り込む「侵入者」という意味で、流行り病、寄生虫、憑き物は共通点を持っており、ときにイメージが共有されていることもあったのである。

人面瘡は別名を「ひざわろ」ともいい、多くは膝に出来るものとして認識されていた。大英の膝に入った鼠に関しても、人面瘡のイメージが持つ、強い「身体性」と併せて考えておく必要があるだろう。

ただし、大英の膝から侵入した、コロリと深く関わるイメージを宿していたとおぼしき鼠に関しては、江戸文芸における「鼠憑き」イメージとは異なる部分もあった。それは、人の怨念の発露という説明の回路を持たない、という点である。コロリに深く関わると考えられていたらしき鼠の憑き物は、怨霊と生者の攻防をめぐる江戸文芸的な発想よりも、動物妖怪系の憑き物という民俗的な発想に根差していたものと考えられる。

狐狸・狐狼狸・狐狗狸

文政五年（一八二二）の序を持つ原田玄菴『迨孫疫痢考《たいそんえきりこう》』は、浪華（大阪）辺りでのコロリの別名が「忽苦痢」（コックリ）であったことを記している。(35) すなわち、大阪界隈ではコロリを「コックリ」

と呼んでいたのである。コックリとは、横たわっていない人が眠りに落ちる際の首の動きを示す擬態語である。日本において、眠りと死のイメージは深く重なっている。[36] コロリとコックリにも、どうやら浅からぬ縁があるらしい。

近代に入ってから、西洋の降霊術である「テーブル・ターニング」が日本に入ってくると、その本来的な心霊学的説明は脱色され、いわゆる「コックリさん」へと姿を変えた。

コックリさんの日本伝来時期については諸説あるが、一柳廣孝『〈こっくりさん〉と〈千里眼〉』は近代におけるコックリさんの流行が明治二十年前後にあったことを示す。一柳は、明治十年代の後半にコックリさんが日本各地に広まり、明治十九年には『朝日新聞』や『団団珍聞《まるまるちんぶん》』がその流行を報じたのち、二十年から翌二十一年にかけてピークを迎えたと整理している。[37]

後世、「コックリさん」という呼び名が定着するこの降霊術は、ときにより「告理」や「狐狗狸」とも表記されていた。後者の場合には、おのずから獣（動物霊）のイメージを帯びることになる。また前出の新聞各紙は、「狐狗狸」に「こくり」のルビを振っていたり、あるいはそのまま「コクリ」と表記しており、この降霊術が「コックリ」のほか「コクリ」とも発音されていたことを知ることができる。

一見、些細なことに思えるかもしれないが、「コックリさん」が「コクリ」でもあったことには注意を払っておくべきである。端的に言って、「コクリ」という語は突然にあらわれたものではない。その背後に、ムクリコクリやモクリコクリなど、前近代において妖怪的存在を指していた語彙が関

わっている可能性を想定しておく必要がある。(38)

本来は蒙古・高句麗連合軍を指していた「ムクリ」ないし「ムクリコクリ」という語は、江戸期にはその本来的な意味を薄れさせて妖怪化の傾向を強めていく。(39) そして近代においては、ムクリコクリあるいはモクリコクリとして広く流通していた。

本来的には、海から来る外国兵に対する恐怖がこの怪異の核なのであって、動物イメージを背負ったものではなかったが、しかし、先に触れた通り、近代以降の和歌山ではイタチのような動物のイメージを獲得するに至っている。

一方のコロリには、早い段階で「ソロリコロリ」という別名があった。これも、モクリコクリと同様、怪異・妖怪や神仏に関わる単語に多くみられる「変則反復語」のひとつとして再考すべきものだと言えよう。「変則反復語」というのは筆者の造語で、重なりながらもずれている音を持つ複合語を指すものである。(40) 簡単に言えば、単語内で韻を踏んだ単語である。

近代におけるコックリさん関連資料のうち、これまで知られていないものとしては、東京都日野市の庶民生活を記録した『河野清助日記』をあげることができる。河野清助は日野宿の横丁という地に居住する組頭の家の者であり、幕末から明治末にかけての日記を後世に残した。

同日記の明治十九年五月四日には、「飯台《ヲハチ》蓋ニテ狐狗狸ヲトリ流行ス」という記述がある。(41) 当時、日本各地では、米飯を入れるお櫃の蓋に、三本の竹で作った脚を組み合わせてコックリさんを行なうことが流行していた。西洋のテーブル・ターニングを日本で行なおうとする際、どこの家庭にもあるお櫃が使われたのであろう。

基本的には農事や日野宿界隈での日々の出来事を書き記している『河野清助日記』に、コックリさんに関する記述が残されているのは興味深い。当時、東京西部の農村にも、同時代的な流行の波が押し寄せていたことが分かるからである。

この庶民的な呪術を指して「狐狗狸ヲトリ」（狐狗狸踊り）としているのは、人の手が添えられた三本足の飯櫃の蓋が動くことを、狐狗狸踊りと呼んでいたためであろう。なお、明治二十年に東京で出版された一枚物の刷り物には「幼童遊流行こっくり踊り」なるものがあり、そこでもコックリさんに使われる道具の動きが踊りに例えられている。(42)

コックリさんは全国的な流行の過程で狐狗狸の当て字を獲得したことにより、動物妖怪としてのイメージを強めていったものと考えられるが、その途上で「稲荷降ろし」や「稲荷下げ」などと呼ばれる民間宗教者が操るとされていた、使役神としての狐のイメージを吸収したのであろう。(43)

そして、近代に一般化したコックリさんに与えられた「狐狗狸」という字面には、コロリに与えられた「狐狼狸」という用字が影響を与えていたものと考えられるのである。「狐狼狸」という当て字自体からして、そもそも動物妖怪や妖怪一般の総称として古くから流通していた「狐狸」に「狼」の一字を加えたものであったと考えられるのであり、そうすると、「虎狼狸」の当て字は後出のものだった可能性がある。

いずれにしろ、近代のコクリ（コックリ）が狐狗狸として動物妖怪のイメージを帯びていったことの背景には、江戸期の大坂でコックリとも呼ばれていたコロリが狐狼狸として表記され流通していたという前史があり、さらにその背後には、もっと歴史の古い「狐狸」が控えていたのである。コロリを狐狼狸と記すことは単なる当て字ではなく、おのずから動物妖怪に含まれる民俗文化を背負い込んだ現象だったのであって、狐狸《こり》→狐狼狸《ころり》→狐狗狸《こくり》といった、前近代から近代にかけての「憑き物」をめぐる一連の文化現象の中で捉えなおすべき問題だと言えるだろう。

なお、幕末から明治にかけて、狐狼狸、虎狼狸の動物妖怪イメージが狐狗狸にその座を明け渡したわけではなく、コロリの動物妖怪イメージも依然として継続することとなる。たとえば、明治以降の浮世絵にも獣めいた「コレラ」イメージが描かれているのである。

明治十九年の浮世絵、木村竹堂「虎列刺《これら》の奇薬《きやく》」には、虎の頭、狼の体、狸の睾丸を有した「虎列刺」の姿が描かれている。狸の睾丸でも分かるように、この時点での虎列刺は戯画化されたものであるが、その身体的特徴は、コロリの当て字のひとつである「虎狼狸」に基づいている。

(七) 流行り病の表象

すでに述べたように『安政箇労痢流行記』は医学史にとって重要な書物である一方で、一見しただけではなぜ記録されたのかがはっきりしない世間話を多く収録していた。

現代人の視点から見ると、コロリ騒動に関する被害状況や対処法を記したテキストに、一見それとは無関係なさまざまな話題（幽霊、憑き物など）が雑然と詰め込まれている理由がよく分からない。

しかし、本稿でも展開してきたように、民俗学や古典文学研究における「怪異」という視座に立ってみれば、これらが「憑き物」や「疫病神」、そしてさまざまな民間信仰を記録したものであったことが分かるのである。

そして、安政五年時におけるコレラ／コロリという流行り病が、蘭学の影響を受けた、現代にも通じるような現実的な医学の対象としてのみならず、憑き物や疫病神など、現代でいうところの民間信仰を土台とした世界認識の上に理解されていたことが分かってくるのである。

そうした点について正しく理解する上では、コロリによって命を落とした著名人を列記した箇所にあった、死因がはっきりしないため、コロリ以外の理由で死んだ者も交じっているかもしれないという意味の注記が重要なヒントとなってくる。憑き物などの同時代的な世間話がいろいろと記録されているのは、これらが、コロリと関わっている可能性が高いものとして判断されていたからにほかならず、『藤岡屋日記』が、コレラ獣をオサキ狐と同類のものとしていたのも、同様の理由による。

つまり、『流行記』にあった著名な死者の一覧と同様、『流行記』の記すコロリ騒動の中には、コロリ以外の原因（たとえば憑き物）による話題が紛れ込んでいるかもしれなかったわけである。

こうした、きわめて前近代的な「コロリ」観に関して、我々はこれを対岸の火事として一笑に付し、あるいは物見遊山気分で眺めていてよいのであろうか。いや、決してそうではあるまい。いつの時代も、人間にとって本当に恐ろしいのは、原因や対処法が漠然としたまま、「よくない事態」だけがどんどん進行していくことである。

未来から振り返った時、結果論としてそれが合理的であってもなくても、人は同時代的な脅威の対象を明確化したがる。そして、近代以降における病気の名付けや表象にも、容易に解決し難い問題がまとわりついてくるわけである。

『流行記』末尾には、病除けの効果を持つと信じられていた白沢（白澤）の図像が配置されている。白沢は、中国由来の神獣である。[44] 同書は、病そのものであるコロリも、また、その病を退ける「白沢」も、ともに獣の姿で表現されてきたことに、あらためて気付かせてくれる。

前近代における東アジアの文化史においては、悪神も善神も、ともに人の意のままにならぬ自然の象徴たる獣の姿で表現されてきたのであり、その、きわめて古い形としての意味を持ち合わせた「白沢」と、最も新しい形であった「狐狼狸」とが、『流行記』の中ではからずも並列化されていた、と捉えることもできるだろう。

現代においては多くの人々が、人間による自然の克服が可能だと信じており、白沢や狐狼狸といった獣の姿に畏怖の感情を抱くことができない時代となってしまっている。逆説的に言えば、だからこそ対処法のはっきりしない新たな感染症に出くわしたとき、それを異様なほどに恐れて冷静さを失ってしまうのであろう。

病をいかなる姿で表象するかという問題は、現代にあって、すでに解決済みの過去の問題ではない。むしろ前近代の事例と比較することで、現代人が抱える現在進行形の課題が浮び上がってくる。そうした意味で『安政箇労痢流行記』は、病すらもグローバル化する時代を冷静に生き抜くための重要な資料なのである。

〈注〉

（1）以下の論考は、一八三二年のパリにおけるコレラ被害の状況と、それにつながるコレラの世界史についてまとめており、コレラについて知るうえで参考になる。大森弘喜「1832年パリ・コレラと「不衛生住宅」―19世紀パリの公衆衛生―」『成城大学経済研究』第一六四号、成城大学、二〇〇四年三月、六七‐一二三頁。

（2）コレラの世界的流行と日本における被害状況については以下を参照。「コレラの恐怖」酒井シヅ『病が語る日本史』講談社（学術文庫）、二〇〇八年、一七八‐一九三頁。

（3）富士川游著・松田道夫解説『日本疾病史』平凡社（東洋文庫）、一九六九年、二四五頁。「金屯道人　頃痢流行記」とあるのが、本稿で扱う『安政箇労痢流行記』である。なお他の研究書などに『安政箇労痢流行記概略』とあるのも同一の書である。

（4）多摩郡新町村（東京都青梅市新町）の御用留に含まれる書付の写しについては以下を参照。馬場憲一「疫病コレラの治療法と予防への対応　―吉野家文書「御用留」より―」（連載「古文書は語る」第五六回）、『多摩のあゆみ』第一七九号、たましん地域文化財団、二〇二〇年八月、八二‐八九頁。

（5）西洋における「早すぎた埋葬」については以下を参照。種村季弘『吸血鬼幻想』河出書房新社（河出文庫）、一九八三年、八八‐九一頁（薔薇十字社、一九七〇年初版）。吉田八岑・遠藤紀勝『ドラキュラ学入門』社会思想社（現代教養文庫）、一九九二年、五二‐六〇頁。

（6）こうした問題については以下の論集を参照。小山聡子編『前近代日本の病気治療と呪術』思文閣出版、二〇二〇年。
（7）前掲『日本疾病史』二二三頁。「虎列剌」鈴木昶『江戸の医療風俗事典』東京堂出版、二〇〇〇年、五〇頁。
（8）「我衣」谷川健一編『日本庶民生活史料集成』第十五巻（都市風俗）、一九七一年、三一書房、四〇九頁。
（9）斎藤月岑著・金子光晴校訂『増訂武江年表』第二巻、平凡社（東洋文庫）、一九六八年、六二頁。
（10）姫魚や神社姫などの予言獣については以下が詳しい。常光徹『予言する妖怪』（歴博ブックレット）、歴史民俗博物館振興会、二〇一六年。
（11）『指田日記』安政五年八月十一日の条には彗星の記事が、同十七日には「三日コロリ」をめぐる百万遍（念仏）と新明拝殿での日待の記事が載る。武蔵村山市立歴史民俗資料館編『注解　指田日記　―村の陰陽師「指田摂津」の日々の記録―』下巻（安政二年〜明治四年）、武蔵村山市教育委員会、二〇〇六年、四三・四四頁。
（12）拙稿「星の知らせは凶事のサイン　――天体ショーと社会不安――」『怪』第三六号、角川書店、二〇一二年七月、二六六・二七〇頁。
（13）拙著『異世界と転生の江戸　――平田篤胤と松浦静山』白澤社、二〇一九年、二一三・二一七頁。
（14）二〇二〇年のアマビエをめぐる文化現象については以下を参照。大蛇堂「〝予言獣〟の力を借りて疫病退散を願う　アマビエ騒動の顛末」『怪と幽』第五号、KADOKAWA、二〇二〇年八月、三九二・三九三頁。
（15）鈴木耕太郎『牛頭天王信仰の中世』法蔵館、二〇一九年。
（16）拙稿「鬼女のゆくえ　――鬼女説話の変容と仏教――」『蓮花寺佛教研究所紀要』第十三号、蓮花寺佛

教研究所、二〇二〇年三月、二二六‐二四七頁。

(17)疫病神の詫び証文を含む、神仏や妖怪が記したという「偽文書」の位置付けについては以下を参照。廣田龍平「非人間的な文字列――譁・ュ怜喧縺代・螟夊・然主義的概念化」『ユリイカ』二〇二〇年十二月号、青土社、二〇二〇年十一月、三一九‐三二六頁。

(18)前掲『異世界と転生の江戸』四七‐五二頁。

(19)『今昔物語集』の該当説話と、日中における病の擬人化については以下を参照。槇佐知子『今昔物語と医術と呪術』築地書館、一九八四年、二五‐二九頁。

(20)三戸九虫の三戸のほか、三魂七魄の三魂にも人間の姿をしているものがあると考えられていた。吉元昭治『道教と不老長寿の医学』平河出版社、一九八九年、二八八頁、二九六‐二九八頁。

(21)『虎狼痢治準』については以下を参照した。梅渓昇『緒方洪庵』(人物叢書)、吉川弘文館、二〇一六年、一三七‐一四〇頁。

(22)昼田源四郎『疫病と狐憑き　近世庶民の医療事情』みすず書房、一九八五年。

(23)前掲『増訂武江年表』第二巻、一六七頁。

(24)鈴木棠三・小池章太郎編『近世庶民生活史料　藤岡屋日記』第十巻、三一書房、一九九一年、三九七頁。

(25)国立国会図書館所蔵『街廼夢』。国立国会図書館デジタルコレクション参照。[https://dl.ndl.go.jp/info:ndljp/pid/2554231]

(26)アメリカ狐については以下を参照。高橋敏『江戸のコレラ騒動』KADOKAWA(角川ソフィア文庫)、二〇二〇年、五五‐七九頁(『幕末狂乱　コレラがやってきた！』朝日新聞社、二〇〇五年の改題)。田中聡『江戸の妖怪事件簿』集英社(集英社新書)、二〇〇七年、一八七‐二〇〇頁。

(27)拙稿「疫病の「憑き物」化とその使役者 ——江戸後期の「アメリカ狐」と「疱瘡神」——」『蓮花寺佛教研究所紀要』第一四号、蓮花寺佛教研究所、二〇二一年三月刊行予定。
(28)伊藤一晴「病気と祈り④ コレラの流行」第十一回中国四国地区アーカイブズ・ウィーク「いやすなおす たもつ —文書館資料にみる病気・医療・健康」解説シート、山口県文書館、二〇一六年。[http://archives.pref.yamaguchi.lg.jp/user_data/upload/File/iyasu11.pdf]
(29)こうした問題については以下を参照。拙著『世にもふしぎな化け猫騒動』KADOKAWA(角川ソフィア文庫)、二〇二〇年、五四 - 五八頁。
(30)村上文崇『中国最凶の呪い 蠱毒』採図社、二〇一七年。
(31)拙稿「〈穴〉の境界論 ——山本作兵衛の炭坑画に見る狐——」『朱』第五五号、伏見稲荷大社、二〇一一年十二月、四六 - 六五頁。
(32)実録『四谷雑談集』における鼠憑きの場面については、以下に含まれる訳注やコラムが参考になる。横山泰子序・広坂朋信訳注『実録四谷怪談 ——現代語訳『四谷雑談集』』(江戸怪談を読む)、白澤社、二〇一三年、一四八 - 一五六頁。
(33)拙稿「鼠」小松和彦監修、小松和彦・常光徹・山田奨治・飯倉義之編『日本怪異妖怪大事典』東京堂出版、二〇一三年、四三四 - 四三五頁。
(34)拙稿「人面瘡」前掲『日本怪異妖怪大事典』、三〇六 - 三〇七頁。
(35)京都大学附属図書館所蔵『迨孫疫痢考』(富士川文庫)。京都大学貴重資料デジタルアーカイブ参照。[https://rmda.kulib.kyoto-u.ac.jp/item/rb00003984]
(36)眠りと死のイメージの相同性については以下拙稿を参照。「口寄せと民俗的想像力 ——生き口寄せと

睡魔の関係――」『日本文学研究』第五〇号、大東文化大学日本文学会、二〇一一年二月、八六－一〇三頁。

(37) 一柳廣孝『〈こっくりさん〉と〈千里眼〉・増補版　日本近代と心霊学』青弓社、二〇二〇年（講談社、一九九四年初版）。

(38) 近代における「狐狗狸」のほか、江戸期の鳥山石燕描く「古庫裏婆」（コクリババ）の名称などにも、ムクリコクリからの影響を想定しておく必要があるだろう。

(39) 拙稿「モクリコクリについて」『日本文学研究』第四七号、大東文化大学日本文学会、二〇〇八年二月、四四・五三頁。

(40) 拙稿「怪しの変則反復語　――ニライカナイ、ケサランパサラン、ドグラマグラ――」『世間話研究』第一九号、世間話研究会、二〇〇九年一〇月、二二・四一頁。

(41)『河野清助日記』の「狐狗狸」記事については、日野市郷土資料館・北村澄江氏のご教示を得た。河野和正氏所蔵『河野清助日記』は慶応二年～明治四五年まで存在する。日野市教育委員会から以下の翻刻が刊行されているが、「狐狗狸」記事該当部分（明治十九年五月四日）の翻刻は未刊行である。『河野清助日記』第一巻（慶応二～四年）、第二巻（明治二～六年）、第三巻（明治七～十一年）。

(42) 橋本万平「『コックリさん』考」『日本古書通信』五八（九）、日本古書通信社、一九九三年九月、七・九頁。

(43) 拙稿「憑依する霊獣たち　――憑き物、神使、コックリさん――」伊藤慎吾編『妖怪・憑依・擬人化の文化史』笠間書院、二〇一六年、一〇七・一一七頁。

(44) 白沢については本書四の佐々木聡「大尾に置かれた白沢図とその意味」を参照。

四 〈解説2〉大尾に置かれた白沢図とその意味

（佐々木聡）

㈠　神獣白沢と『白沢図』

『安政箇労痢流行記《あんせいころりりゅうこうき》』（以下『流行記』と略記）の末葉には、奥付とともに白沢《はくたく》（白澤）の絵を掲載する（本書七一・一一六頁）。白沢は中国の古典籍に見える瑞獣であり、例えば『瑞応図《ずいおうず》』には「賢君の徳幽遐《ゆうか》に及べば則ち出《い》づ」とある。一方、同書に「能《よ》く言語し、万物の精《もののけ》に達知すれば、以《もっ》て民を戒め、為《ため》に災害を除く」とも言うように、辟邪《へきじゃ》（悪しきものを避ける）の霊験《れいげん》を持つともされた（いずれも『開元占経』巻一一六引）。また、六朝時代のはじめには、この白沢の知識を記したとされる『白沢図《はくたくず》』が一部の知識人や神仙家に読まれた。同時期に書かれた『捜神記《そうじんき》』や『抱朴子《ほうぼくし》』には、『白沢図』の知識に基づき精魅《もののけ》を退けた記事が見える。

その後、『白沢図』は北宋の初め頃に散佚してしまうが、それと前後して白沢の絵を貼ることで消《しょう》災招福《さいしょうふく》に用いる文化が定着してゆく。これこそが『流行記』の大尾に描かれた白沢の絵のルーツである。中国では、白沢は虎頭龍身《ことうりゅうしん》（図4-1）や龍頭獣身《りゅうとうじゅうしん》（図4-2）で描かれることが多く（岡部二〇一七）、また獅子型（図4-3）の場合もあった。しかし本邦では、人面牛身九眼《じんめんぎゅうしんきゅうがん》（眼は顔と両脇腹に三つずつ）の姿がよく知られる。この姿の白沢は、江戸時代の中頃から流行し、狩野派絵師らによる肉筆画のほか、寺社や書林が頒布した摺り物も多く伝わっている。有名な戸隠山《とがくしさん》「白沢避怪《はくたくひかい》

図 4-1　『大明会典』巻 58・冠服二・文武官冠服「白沢」

図 4-2　王圻『三才図会』鳥獣巻 4「白沢」

図 4-3　平住専庵『唐土訓蒙図彙』巻 13「白沢」

図《のず》」（図4‐4）は、複数のヴァージョンが伝存しており、何度も彫り直されたことが分かる（熊澤二〇一一）。また道中の無事を祈るため、『旅行用心集《りょこうようじんしゅう》』や『掌中《しょうちゅう》年代記《ねんだいき》』といった書物にも掲載された。

そもそも、白沢は災厄や怪異をもたらす悪鬼《あっき》や精魅を鎮める神獣だが、疫病もまたこうした災厄の一つとされた。また中国では、古来より病気の原因を「鬼《き》」と見なすことが多かった。そのため、鬼に詳しい白沢も治病に霊験があるとされたのだろう。実際、白沢の知識を記したとされる『白沢図』にも、疫病をもたらす鬼「野童游光《やどうゆうこう》」のことが述べられている。おそらく仮名垣魯文《かながきろぶん》も、コロリ流行の終息を祈って白沢を『流行記』の大尾に置いたのだろう。

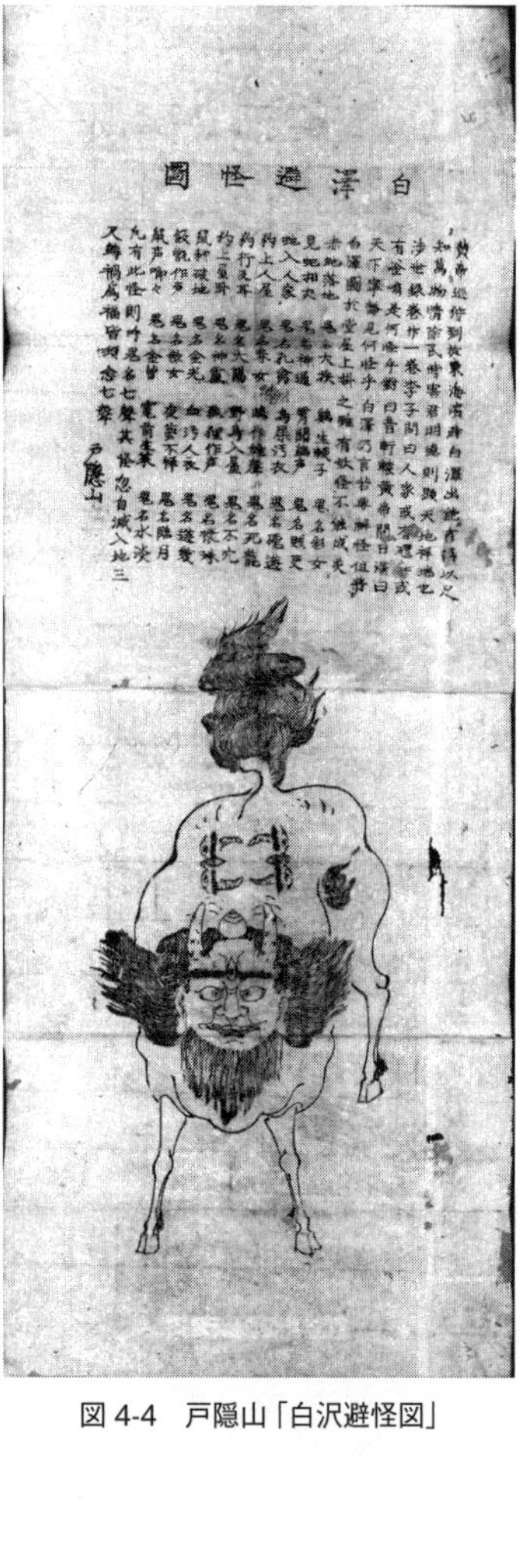

図4-4　戸隠山「白沢避怪図」

㈡　悪夢と疫病、獏と白沢

それでは、次に本書白沢図の画賛《がさん》に注目してみよう。賛文には①「毎夜《よごと》このゑ（絵）を枕にそへて臥すときは凶《あしき》ゆめをみずもろもろの邪気をさくるなり」とあり、また②「神たちが世話をやく病このすへはもうなかとみのはらひきよめて」とも言う。猛威を振るうコレラに対し、当時の人々が神獣白沢や中臣祓《なかとみのはらえ》と言ったまじないにすがるほかなかったことが窺える。こうした未曽有の厄災への無力感は、現代の我々も共感を禁じ得ない。

一方で気になるのが、①に見える、白沢の絵を枕に添えて寝る、というまじないである。これにより、凶夢《きょうむ》（悪夢）を見ず、邪気を避けることができるという。凶夢と邪気が並んで記されることに違和感を覚える方もいるかもしれないが、実は、この二つには密接な関係があった。例えば、東洋医学の古典『霊枢《れいすう》』には、「淫邪発夢《いんじゃはつむ》」と題した一篇があり、そこでは、邪気（淫邪）が体外から侵入して臓腑や肉体を侵すとさまざまな夢を見ることが述べられる。もっともここで言う「夢」には斬首や自殺などいかにも夢見が悪そうなもののほか、一見すると吉夢ともとれそうな飛翔や飲食の夢なども含まれる。つまるところ邪気は病気の要因であり、悪夢を含むさまざまな夢は病気の経過段階において現れる予兆という考えである。一方、通俗信仰では、もう少し単純に悪夢を悪いことの前兆と捉えた。例えば、唐代の通俗占書『白沢精怪図《はくたくせいかいず》』（ペリオ二六八二）には、夜に悪夢を見たら、朝に家の東北で呪文を唱えてまじなえば「咎《わざわい》無し」とある。

もっとも、「悪夢を退けるなら、白沢ではなく獏《ばく》ではないか」と思われる読者もいることだろう。まさしく御指摘の通りなのだが、実は江戸時代には、白沢と獏とを時に同一視する文化もあったようである。この例をいくつか挙げてみたい。

次頁に挙げた整軒玄魚《せいけんげんぎょ》画「白沢之図」（図4-5）は、『流行記』が刊行された年と同じ安政五年に、祥錦堂《しょうきんどう》が売り出した摺り物である。一見して、『流行記』の白沢（本書七一頁）とよく似た構図であることに気付くだろう。また、その画賛に目を向ければ、前半は「毎夜此図《よごとこのず》を枕にそへて臥すときは凶夢を見ず諸の邪気をさくる事妙なり」とあり、『流行記』の画賛①とほぼ同じ文言である。一方で後半は、「白楽天《はくらくてん》「貘屏之《ばくのゑの》讃《さん》」／寝其皮辟瘟《そのかはにいぬればうんをさけ》、図其形辟邪《そのかたちをゑがけばぢゃをさく》。今《いま》謂之白沢《これをはくたくといふ》」とあり、白居易《はくきょい》（楽天）の「貘屏《ばくびょう》讃《さん》」を引く。実は最後の「今謂之白沢」は、白居易の文ではなく、この讃を引く元・熊忠

図4-5　整軒玄魚画「白沢之図」

『古今韻会挙要《ここんいんかいきょよう》』巻二八・貘条の文である。したがって、玄魚が参照したのは『古今韻会挙要』の方ということになるが、中国では遅くとも元代までに白沢と貘が混同されるようになっていた。そして、こうした観念が日本にも伝来し、浸透していったのだろう。玄魚の画題「白沢之図」にも「ばくのづ」とルビが振られている。

同様の例は、一八世紀に描かれた北尾政美《きたおまさよし》の白沢図に既に見えている。こちらは画題を「白沢之図」ならぬ「白貘之図」とする（図4-6）。独特の篆書で書かれているため、うっかり見過ごしてしまいそうになるが、「沢《たく》」を「貘《ばく》」に置き換えた大胆な遊び心が窺える。このほかもう一点、年代は不明だが、内藤記念くすり博物館所蔵の枕屏風には、白沢と貘が左右に配される（図4-7）。こ

図 4-6　北尾政美画「白獏之図」

図 4-7　獏と白沢の枕屏風

れもまた白沢と獏を通底させた例と言える。このように、江戸中期以降、白沢と獏をめぐる一種の諧謔《かいぎゃく》（ユーモア）が流行したのである。

㈢　白沢枕と服妖

前節では枕屏風の話が出たので、ここで枕の方にも触れておきたい。中国では、古来、枕は縁起物であり、吉祥図を配したり、童子や虎の形などをかたどった陶製の枕が数多く作られた。中国を旅行したことがある方ならば、実際に博物館などで目にしたという方も少なくないだろう。こうした文化を背景として、唐代に「白沢枕《はくたくまくら》」が作られたことが史書に見える。『旧《く》唐書《とうじょ》』五行志・服妖に次のように言う。

韋庶人《いしょじん》（韋后のこと）の妹七姨《しちい》は、将軍馮太和《ふうたいか》に嫁《か》して、権は人主を傾く（権勢は君主を圧倒した）。嘗《かつ》て豹頭枕《ひょうとうまくら》を為《つく》り以て邪《じゃ》を辟《さ》け、白沢枕《はくたくまくら》をつくり以て魅《もののけ》を辟け、伏熊枕《ふくゆうまくら》をつくり以て男に宜《よろ》しくす（男児に恵まれるようまじなった）。太和死すれば、再び嗣《し》虢王《かくおう》に嫁す。玄宗 韋后を誅《ちゅう》するに及び、虢王 七姨の首を斬り以て献ず。

韋后は、唐・中宗（在位六八三〜六八四・七〇五〜七一〇）の皇后だが、武三思《ぶさんし》らと結んで専権を振るったことで悪名高い。後に韋后は玄宗に粛清されるが、その累が及ぶこととなったのが、嗣《し》虢王李《かくおうり》邕《よう》に再嫁していた妹の韋七姨《いしちい》である。李邕は玄宗が韋后を粛清したことにより、七姨の首を斬り落として献上したという。おそらく忠誠を疑われないための行動であったろう。しかし、これが却って物議を醸すこととなり、李邕は沁州《しんしゅう》 刺史《しし》に降格されてしまったと『旧唐書』虢王鳳伝に見える。

以上は、なんとも凄惨な話であるが、このエピソードの中に「白沢枕」が見えることの意味を考えてみたい。白沢枕は、豹頭枕・伏熊枕と共に、当時我が世の春を謳歌していた七姨が、禍を避け、男児の誕生を求めるために作らせたのだろう。これ自体は、辟邪招福を願う純粋な「吉祥物《きっしょうぶつ》」（縁起物）にほかならない。

しかしながら、この記事が五行志に「服妖《ふくよう》」として採られているということは、これらの枕を作ったことが、人々から奇異な目で見られたことを示している。後の『新唐書《しんとうじょ》』もこの判断を踏襲する。そもそも服妖とは、身分の高い者が奇抜な服を着たり、巷《ちまた》で一風変わった服装が流行する怪異である。『漢書《かんじょ》』五行志には、「風俗 狂慢となり、変節易度《へんせつえきど》すれば（本来の節度をみだりに変えれば）、則ち剽軽奇怪《けいはくきばつな》の服を為《つく》る。故に服妖有り。」とある。また服妖は災禍の予兆とされることもあった。韋七姨の一件も、白沢枕などを作ったことが彼女の末路を予兆していたと理解することができる。

尤も『旧唐書』は後晋、『新唐書』は北宋でそれぞれ編纂されたから、「服妖」という解釈も、あくまで後世の史官の判断と言うこともできる。それでは、唐代ではこの事件はどのように見られたのか。ほぼ同時代に書かれた張鷟《ちょうさく》『朝野僉載《ちょうやせんさい》』には次のように言う。

唐逆韋《とうぎゃくい》（唐に背いた韋后のこと）の妹たる馮太和の妻、七姨と号す。邪見を信じ、豹頭枕を以て邪を辟け、白沢枕を以て魅を去り、伏熊枕を作りて以て宜男を為す。太和死して、嗣虢王 之を娶る。韋の敗るるや、虢王 七姨の頭を斫《き》りて朝堂に送る。即ち知る、辟邪の枕の效《ため》し無きことを。
（『太平広記』巻二八八引）

このように張鷟も「辟邪の枕」は「效《ため》し無」し、とにべもない。もっとも、これは白沢をめぐる信仰のあり方というよりも、韋氏一族に対する当時の悪評が先行するようである。まさしく『六韜《りくとう》』に言う「其の人を憎めば、其の余胥《かべ》をも憎む」（『太平御覧』巻九二〇引）の精神である。

筆者はかつて、白沢そのものを辟邪絵として描く文化は唐代の中頃から始まった、と推定した（拙著二〇一七）。韋后のころにこうした文化が明確に成立していたかは分からないが、白沢が辟邪の霊験を持つ神獣だということは広く認識されていた。したがって実際には、白沢枕などの辟邪枕も、貴族が軽い気持ちで作った吉祥物に過ぎなかったのであろう。しかし、それが歴史の趨勢の中で、たまたま白眼視されることとなった。実は筆者はかれこれ十年余り、中国の博物館で、白沢を描いた枕がないか探し続けているのだが、未だに一例も見つけられていないのは、こうした事情によるものかもしれない。

さて、白沢枕は不幸にも政治史的な文脈に乗ってしまったがために、時の文学者により強烈な皮肉を食らうことになった。しかし、そもそも吉祥物や縁起物などと言うものは、明確な効き目があらわれなくとも、それほど強い非難はおこらない。あくまで験担ぎなのだから、そんなことは、言うだけ野暮である。そのためか、吉祥物や縁起物は、人々に広く受容され、親しまれてゆくなかで、呪術的象徴としての権威を保ちながら、一方では遊び心やユーモアも加わっていく。

先に筆者は、魯文がコロリの終息を祈って白沢を大尾に置いたのだろうと述べた。本書解説1の今井秀和「コロリ表象と怪異」で明らかにされたように、人々がコロリ流行の背後に動物の憑き物や疫病神の存在を思い描いたのだとするならば、なるほど一一五二〇種のもののけ・鬼神に通暁した白沢（『雲笈七籤《うんきゅうしちせん》』巻一〇〇軒轅本紀《けんえんほんぎ》）は、それに対抗しうる神獣であった。また白沢は江戸の中頃から刷り物でも流布するようになり、ユーモアも交えてすっかり人々に親しまれる存在となっていた。魯文も案外、神獣白沢の霊験よりも、人々に親しまれたその姿にこそ人心を安んずる力があると思ったのかもしれない。

〈参考文献〉

石田秀実・白杉悦雄監訳『現代語訳黄帝内経霊枢（上・下）』（東洋学術出版社、一九九九・二〇〇〇年）
岡部美沙子「東アジア地域における龍身白沢図像の伝播と受容――西安戸県の白沢像を中心に」（『東アジア文化交渉研究』第一〇号、二〇一七年）
熊澤美弓「信州戸隠宮本旅館蔵白沢避怪図の図像的検討」（『信濃』第六三巻・第七号、二〇一一年）
佐々木聡『復元白沢図――古代中国の妖怪と辟邪文化』（白澤社、二〇一七年）
佐々木聡「〈コラム〉北尾重政・政美の描いた「白沢の図」」（『月刊みんぱく』第四一巻・第八号、二〇一七年）
佐々木聡「〈コラム〉神獣白沢と治病祈願」（『鍼灸OSAKA』第一三〇号、二〇一八年）

〈図像出典〉

図4-1　『大明会典』巻五八・冠服二・文武官冠服「白沢」（国立公文書館所蔵）
図4-2　王圻『三才図会』鳥獣巻四「白沢」（国立国会図書館デジタルコレクション）
図4-3　平住専庵『唐土訓蒙図彙』巻一三「白沢」（国立国会図書館デジタルコレクション）

図4-4　戸隠山「白沢避怪図」（個人蔵）
図4-5　整軒玄魚画「白沢之図」（ボストン美術館所蔵）
図4-6　北尾政美画「白獏之図」（国立民族学博物館所蔵）
図4-7　獏と白沢の枕屏風（内藤記念くすり博物館所蔵）

執筆者紹介

篠原　進（しのはら すすむ）　（巻頭言）

青山学院大学名誉教授。専門は日本近世文学。
編著書に『ことばの魔術師　西鶴』（共編、ひつじ書房)、「江戸のコラボレーション——八文字屋本の宝暦明和」（『国語と国文学』2003年5月)、「二つの笑い——『新可笑記』と寓言」（同2008年6月)。『新選百物語』（監修、白澤社）など。

門脇　大（かどわき だい）　（一・二　翻字・現代語訳）

1982年島根県生まれ。神戸大学大学院人文学研究科博士課程修了。専攻は日本近世文学。香川高等専門学校講師。論文に、「怪火の究明——人魂・火の化物」（堤邦彦・鈴木堅弘編『俗化する宗教表象と明治時代　縁起・絵伝・怪異』三弥井書店）など。

今井秀和（いまい ひでかず）　（序・三〈解説１〉）

1979年東京都生まれ。大東文化大学大学院文学研究科博士後期課程修了。博士（文学)。専攻は日本近世文学、民俗学、比較文化論。大東文化大学非常勤講師、蓮花寺佛教研究所研究員。著書に『天狗にさらわれた少年——抄訳仙境異聞』（訳・解説、KADOKAWA)、『異世界と転生の江戸——平田篤胤と松浦静山』（白澤社)、共著に『〈江戸怪談を読む〉皿屋敷』（白澤社)、共編著に『怪異を歩く』（青弓社）など。

佐々木 聡（ささき さとし）　（四〈解説2〉）

1982年秋田県生まれ。金沢大学文学部卒、東北大学博士課程後期修了。博士（文学)。金沢学院大学講師。主な著書に、『復元 白沢図——古代中国の妖怪と辟邪文化』（白澤社)、東アジア恠異学会編『怪異学入門』（共著、岩田書院)、「異と常——漢魏六朝における祥瑞災異と博物学」（東アジア恠異学会編『怪異学の地平』臨川書店)、など。

注

周防一平（すほう いっぺい）　（一・二医学用語注）

1979年島根県生まれ。東京大学文学部思想文化学科卒。現在、北里大学東洋医学総合研究所医史学研究部嘱託研究員、日本伝統医学研修センター副所長。鍼灸師。主な論文に「鳥山石燕『画図百鬼夜行』シリーズにみる身体表現」（『日本歯科医史学会会誌』第31巻1号）など。

広坂朋信（ひろさか とものぶ）　（一・二注）

1963年東京都生まれ。東洋大学文学部卒。編集者・ライター。主な著書に『〈江戸怪談を読む〉死霊解脱物語聞書』（共著、白澤社)、『怪異を歩く』（共著、青弓社）など。

原著者

仮名垣魯文（かながき ろぶん）

1829（文政 12）年江戸生れ、1894（明治 27）年没。幕末から明治初期に活躍した戯作者、新聞記者。本名野崎文蔵。別号、鈍亭など。
明治期の『西洋道中膝栗毛』、『安愚楽鍋（あぐらなべ）』などが代表作。また、『仮名読新聞』、『いろは新聞』などを創刊・主宰、新聞記者として活躍。「続き物」で新聞小説の土台をつくった。

安政《あんせい》コロリ流行記《りゅうこうき》——幕末《ばくまつ》江戸《えど》の感染症《かんせんしょう》と流言《りゅうげん》

2021 年 5 月 10 日　第一版第一刷発行
2021 年 7 月 21 日　第一版第二刷発行

執筆者　篠原 進・門脇 大・今井秀和・佐々木聡
注　周防一平・広坂朋信
発行者　吉田朋子
発　行　有限会社 白澤社《はくたくしゃ》
〒112-0014　東京都文京区関口 1-29-6　松崎ビル 2F
電話 03-5155-2615／FAX03-5155-2616／E-mail : hakutaku@nifty.com
発　売　株式会社 現代書館
〒102-0072　東京都千代田区飯田橋 3-2-5
電話　03-3221-1321㈹／FAX　03-3262-5906

装　幀　装丁屋 KICHIBE
印　刷　モリモト印刷株式会社
用　紙　株式会社市瀬
製　本　鶴亀製本株式会社

ISBN978-4-7684-7985-8

白澤社《はくたくしゃ》 刊行図書のご案内

発行・白澤社　発売・現代書館

白澤社の本は、全国の主要書店・オンライン書店でお求めになれます。店頭に在庫がない場合でも書店にお申し込みいただければ取り寄せることができます。

新選百物語
——吉文字屋怪談本 翻刻・現代語訳

篠原進＝監修／岡島由佳＝翻刻・注・現代語訳

定価2,000円＋税
四六判並製208頁

怪談文化の花盛りだった江戸時代、改題しただけのリメイク本もあいつぎ出版されるなか、上方の版元・吉文字屋による新作怪談本として好評を博したのが『新選百物語』。ラフカディオ・ハーンも参照したこの怪談本の本文を翻刻し、語注・現代語訳・解説を加え、初めて本格的に紹介。これまであまり知られていなかった怪談本がここに甦る。

復元 白沢図
——古代中国の妖怪と辟邪文化

佐々木聡 著

定価2,000円＋税
四六判上製176頁

中国の伝説上の帝王・黄帝は、神獣・白沢の言葉を記録して、あらゆる鬼神を撃退する知識が書かれた書物『白沢図』を編んだと伝えられる。この書物は、禍を避け福を招く辟邪（へきじゃ）呪術を伝承する書として珍重されたが、北宋時代には散佚していた。本書は、現代の妖怪文化の源流の一つであるこの幻の奇書を復元し、訳文・解説を付した。

異世界と転生の江戸
——平田篤胤と松浦静山

今井秀和 著

定価2,500円＋税
四六判並製240頁

天狗にさらわれた少年寅吉、生まれかわり勝五郎の聞き書きを残した平田篤胤、数多くの怪異を随筆に書いた隠居大名の松浦静山。同時代を生きた二人の怪異探究はなぜ交わらなかったのか？　妖怪が娯楽として楽しまれると同時に、天狗や河童が跳梁し狐や狸が人を化かすと信じられてもいた時代、江戸後期の知識人の複雑な怪異観を解きほぐす。